T 19
66

T 1676

DES RAPPORTS
DE LA
MÉDECINE
AVEC
LA POLITIQUE.

Deux Exemplaires ont été déposés à la *Bibliothèque Impériale* : les contrefacteurs et les débitants de contrefaçons seront poursuivis conformément à la loi sur les Propriétés littéraires.

Tous les Exemplaires sont paraphés par l'Auteur.

DES RAPPORTS
DE LA
MÉDECINE
AVEC
LA POLITIQUE.
Par EUSEBE SALVERTE.

» ..... Falso queritur de Naturâ suâ genus
« humanum quòd imbecilla atque aevi brevis....
« Nam contrà reputando invenias magis...... Na-
« turae industriam hominum quam vim aut tem-
« pus deesse. » *Sallust. Jugurth.*

A PARIS,
Chez MOREAU, Libraire, rue des Grands-
Augustins, n°. 20.

1806.

« . . . . . Ut potero explicabo. Nec
« tamen quasi Pythius Apollo, certa ut
« sint et fixa quae dixero ».

Cicer. Tuscul. Quaest. Lib. I, 17.

A
Monsieur CABANIS
Membre de l'Institut national de France.

Monsieur,

Vos Ouvrages honorent votre pays, votre siècle et la science à laquelle vous vous êtes consacré. Après les avoir lus, on desire naturellement savoir si vous alliez dans un degré égal les vertus aux talents ; tout ce que j'ai appris de vous m'a convaincu que vous êtes non-seulement un Médecin instruit, un Ecrivain éloquent, un Philosophe profond, mais aussi un Epoux vertueux, un bon Citoyen, un ami véritable de votre patrie.

Persuadé qu'une Dédicace ne doit jamais être dictée que par l'estime, je vous dédie cet Essai.

Mon but est d'appeler sur des questions d'une haute importance l'attention du Politique, qui doit sentir le besoin de les proposer, et celle du Physiologiste, qui seul peut les résoudre.

Je croirai l'avoir atteint, si ce sujet paraît digne de quelques recherches à vous, Monsieur, et au petit nombre d'hommes qui, comme vous, tiennent de leur supériorité le noble droit de découvrir et de faire écouter des vérités utiles.

EUSEBE SALVERTE.

PREFACE.

L'IMPORTANCE de l'étude de la Politique n'est aujourd'hui un problème que pour l'homme qui a pu voir d'un œil indifférent les orages et les désastres auxquels l'Europe et la France ont été si long-tems en proie.

Mais, dès qu'on l'aborde, on est surpris des contradictions où sont tombés les meilleurs Écrivains, et de la contrariété subsistante entre les événements les plus communs et la théorie la plus spécieuse. On doit, je pense, chercher la cause des unes et de l'autre dans l'habitude où nous sommes d'apporter à cette étude un esprit déja chargé de préjugés sans nombre et dénué de connaissances préliminaires et indispensables.

En suivant cette pensée, je m'étais tracé le plan d'une *Introduction à l'étude de la Politique*.

Je devais d'abord dévoiler les causes les plus générales des erreurs qui l'obscurcissent, telles que l'idée peu exacte que l'on se forme de la Politique et de son but, et les prétendus axiômes que l'on en déduit, l'autorité trompeuse d'écrivains accrédités, les préjugés de pays et d'éducation, et surtout les raisonnements basés sur des abstractions qui n'ont aucune réalité dans leur application à l'existence de l'homme social.

J'examinais ensuite quelles lumières la Politique peut emprunter des sciences morales et physiques.

Cette manière nouvelle de les considérer en les rapportant toutes au premier but de la société, de s'approprier leurs trésors sans perdre un instant de vue l'application la plus honorable de leurs principes et de leurs découvertes, unit à l'avantage de ne rien omettre de ce qu'elles peuvent offrir d'utile, celui d'intéresser le cœur, et, en même tems, d'unir dans l'esprit par une pensée unique leurs ramifications innombrables. Aussi cette partie de ma tâche est-elle la plus avancée.

Mais l'ouvrage entier était trop au-dessus de mes forces. Aujourd'hui que des conjonctures particulières, en me portant à y renoncer, m'ont consolé de mon insuffisance, c'est du moins pour payer mon tribut que je présente aux lecteurs éclairés *la*

PREFACE.

Médecine considérée dans ses rapports avec la Politique.

Après cet Essai, le Traité auquel j'ai le plus travaillé est celui des *Rapports de la Morale avec la Politique.* La *note* (1) du chap. V (*ci-après pag.* 105-106), pourra donner une idée de la manière dont j'envisage ces rapports.

Dans le reste de l'ouvrage, je m'occupais 1°. *de l'Unité politique;* principe en vertu duquel, dans la législation et le gouvernement, tout, jusqu'aux moindres détails, se rapporte à un but unique et déterminé. C'est par un effet de ce principe, que lorsqu'il est si

PREFACE.

facile de critiquer la législation de Moïse et celle de Lycurgue sur un grand nombre de points isolés, nous sommes forcés d'en admirer l'ensemble, au moins dans ses résultats constants.

2°. De l'*Histoire de la Politique* et de ses imperfections, et de sa *Perfectibilité*, c'est-à-dire, de la possibilité et des moyens d'élever à un degré éminent de clarté et de certitude cette science dont un seul théorême a suffi souvent pour exposer la vie d'un million d'hommes et le repos de l'Europe entière.

Me permettra-t-on d'observer

qu'au-delà de limites très-rapprochées, cette dernière idée et celle qui termine l'ouvrage que je soumets au public, ne sont plus qu'un vœu de mon cœur, et non une conception avouée par ma raison? Car, il faut le dire, si je suis uni aux Philosophes qui soutiennent la doctrine de la *Perfectibilité indéfinie*, c'est par le desir plus que par l'espérance. Des observations simples, mais puisées dans l'histoire de l'homme de tous les tems et de tous les pays, me semblent la combattre victorieusement.

Que, pour développer cette perfectibilité séduisante, quelques hommes supérieurs s'astreignent à des recherches où, pendant plusieurs siècles peut-être, le vulgaire croira trouver des conséquences sages de principes connus, plutôt que des vérités nouvelles ; on peut l'espérer : les grandes ames sont généreuses, et le génie trouve sa récompense dans la conscience du bien qu'il fait, même à des ingrats. Mais ce n'est point assez : il faut que leur théorie soit mise en pratique, et pour cela que leurs travaux soient appréciés, leurs découvertes senties. Or, le plaisir et la gloire sont attachés à l'invention, l'utilité à l'application ; et passé la première nécessité, l'utilité sans éclat touche faiblement le commun des hommes. Et tandis que les bienfaiteurs du genre humain se verront, à chaque pas, combattre et repousser par tout ce qui a intérêt à ce que le genre humain reste ignorant, faible et vicieux; trouveront-ils au moins quelque courage, quelque docilité, quelque chose de plus que de l'indifférence dans les hommes qu'ils voudraient perfectionner? Doivent-ils l'attendre, quand, depuis tant de siècles, le bien, le mieux est près de nous, et, pour ainsi dire, dans nos mains, sans que nous daignions l'appercevoir? Satisfait dans ses grossiers besoins et ses passions insensées, l'homme social néglige ou craint de mettre en œuvre les ressources dont l'enrichissent la nature, l'expérience et le progrès de ses idées. Et cependant cet être insouciant, paresseux et pusillanime accuse le ciel de l'avoir créé débile et indigent; il se plaint de sa condition, il murmure de son dénuement et de l'insuffisance de ses moyens de bonheur!

DES RAPPORTS
DE LA
MÉDECINE
AVEC
LA POLITIQUE.

" ... Falsò queritur de naturâ suâ genus humanum,
" quòd imbecilla atque aevi brevis...Nam contrà réputan-
" do.... invenias magis... Naturae industriam homi-
" num quam vim aut tempus deesse. " (Sallust. Jugurth.)

LA Politique, dans le sens le plus vaste, le plus noble, et, je crois, le seul véritable, la Politique est la science de faire servir au bien-être du plus grand nombre des citoyens, toutes les institutions sociales, toutes les facultés morales et physiques de l'homme isolé, toute la puissance et toutes les inventions des hommes rassemblés en société,

A

Pour atteindre ce but important, l'homme d'état a droit de demander à chaque branche des connaissances humaines tout le bien qu'elle peut produire. L'une des premières dont il doit réclamer les secours est sans doute la Médecine, cette science de l'homme physique sans laquelle il n'est point de science complète de l'homme moral.

Qu'un génie supérieur, riche des observations comparées de plusieurs siècles, se présente aux chefs des nations; qu'il leur dise: Voilà la science dont l'objet est l'homme. Aucun détail de l'existence humaine, soit dans l'état de santé, soit dans l'état de maladie, aucun des rapports par lesquels les agents extérieurs influent sur cette existence, ne lui sont étrangers. Son but est de prolonger la vie, de soulager la douleur, de prévenir les maux, de conserver et d'étendre les facultés utiles et agréables. Usez de ses trésors pour le bonheur général; loin de les épuiser, leur emploi ne fera que les accroître.

Le Chef qui recevra ce noble présent, s'il en est digne, l'acceptera sans doute avec respect et reconnaissance. Il apperccvra même quelques-uns des bienfaits qu'il a droit d'en attendre; mais les connaîtra-t-il tous? Songera-t-il à les provoquer? C'est ce dont il est permis de douter d'après l'expérience des siècles.

Les Médecins eux-mêmes ont-ils senti l'importance des services qu'ils doivent rendre à la société, sous ce rapport unique des lois et des intérêts de l'existence commune? Je ne connais aucun auteur qui ait approfondi ce sujet, ou qui, seulement, en ait apperçu l'étendue et tracé les limites (1). Sans prétendre sup-

---

(1) J'ai pu croire que mon ignorance sur ce point, naissait du défaut de lectures et de

pléer à ce silence, je m'efforcerai de faire sentir le vuide, et d'indiquer à de plus habiles les moyens et la nécessité de le remplir.

L'utilité journalière de la Médecine pour conserver à la société des membres précieux et les rendre à leurs devoirs et à leurs affections ; l'exercice non moins respectable de cet art dans les camps, dans les provinces ravagées par des épidémies, dans les asyles de l'indigence

---

recherches. Mais quand j'ai vu des écrivains modernes, CABANIS (*Coup-d'œil sur les révolutions et la réforme de la médecine, pag. 29, 35*) et ALIBERT, (*Rapport de la médecine avec les sciences physiques et morales, pag. 94, 97*), ne parler des rapports de la médecine avec la législation que pour se renfermer sévèrement dans des idées générales ; j'ai peut-être été en droit de conclure du peu de développements où ils sont entrés, la concision plus grande encore de leurs prédécesseurs.

et du malheur ; enfin la Médecine légale destinée à éclairer l'homme qui fait les lois et celui qui en est l'interprète ; tels sont les points de contact les plus connus jusqu'à ce jour entre la Médecine et la Politique ; ils ont été traités avec trop d'avantage pour qu'il me soit permis de m'y arrêter.

Si l'application de la Médecine à ces différents rapports sociaux a été suivie et perfectionnée, c'est que, par eux, elle touche à des besoins primitifs et sentis sans réflexion. C'est par ces besoins là, seulement, que nous sommes éclairés pour ainsi-dire malgré nous. Pour tout le reste, nous nous en remettons volontiers au hasard ; et les grands avantages que nous avons obtenus de la science ne nous induisent pas à lui en demander de plus grands encore. Cependant, au-delà de ces rapports généralement apperçus de la Médecine et de la Politique, je vois s'ouvrir devant moi une carrière aussi vaste qu'intéressante, que personne n'a parcourue en entier (1), et où, dès l'abord, peu de vestiges humains s'offrent pour guider mes pas.

---

(1) Il n'existe, sur cette matière, rien de plus instructif que le *Traité des Airs, des Eaux et des Lieux*, ouvrage immortel que le politique doit étudier profondément, non-moins que le physiologiste. Mais Hippocrate, ne s'y étant pas uniquement proposé le sujet que je traite, n'a pas dû en embrasser la totalité.

CHAPITRE 1ᵉʳ.

Dès qu'un empire ne sera point borné aux murs d'une ville ou à son territoire peu étendu, il réunira des pays différents par la température, par le site et les propriétés du sol, par les qualités de l'air et des eaux; c'est-à-dire, par les causes physiques qui agissent le plus puissamment sur le tempérament des hommes et les productions de la nature.

Le Politique a besoin de connaître les mœurs, les caractères, les habitudes qui dominent dans ces divers cantons; et il peut jusqu'à un certain point, y parvenir par une observation soutenue. Mais ce n'est point assez. Il doit encore remonter à l'origine de ces diversités morales; jamais indifférentes, quelque légères qu'elles paraissent; et toujours telles, au contraire, que la loi a intérêt de les encourager ou de les affaiblir. Comment, dans leur immense variété, démêlera-t-il ce qui n'est qu'accidentel, ce qui a son principe dans les croyances religieuses et dans les traditions anciennes, enfin ce qui tient essentiellement au climat et à l'ensemble des circonstances physiques? Une connaissance approfondie de l'histoire des hommes et de leurs opinions ne lui suffit plus; la physiologie seule peut l'éclairer sur le trait le plus important dans les caractères distinctifs des peuples, parce que c'est le seul presque immuable, celui que leur imprime la nature. Le physiologiste lui montrera donc comment dans les forêts, dans les plaines, sur les rivages de la mer, aux bords des fleuves, au milieu des marais, sur le sommet des montagnes, dans la profondeur des vallées, les hommes ont constamment des qualités différentes, tellement propres à chacun, que l'on ne peut exiger de ceux-ci ce que l'on obtient sans effort de ceux-là; que les institutions qui prospèrent dans un site languiront dans un autre ; bien plus, que la même loi n'y sera jamais exécutée de même, ainsi que la même langue n'y est parlée qu'avec des tournures locales et des inflexions particulières.

Ainsi familiarisé avec le génie physique et moral de chaque localité, l'homme d'état saura ce qu'il peut en espérer et en craindre; quelle industrie, quel genre de gloire, quelle sorte de bonheur, il peut y faire naître ou y encourager.

Souvent sans doute cette étude l'affligera en lui montrant les causes physiques repoussant de toute leur énergie le bien qu'il voudrait répandre sur ses semblables. Et quelle lutte désespérante ! Que sont les plus grandes forces que l'homme puisse faire mouvoir, comparées à la force immense de la nature ! Si néanmoins le desir du bien général l'enflamme d'une noble ardeur, il osera plus d'une fois se mesurer avec cet adversaire colossal, ou plutôt il essayera de combattre la nature par elle-même. Les tentatives faites pour assainir un climat peu salubre n'ont pas toujours été infructueuses : pourquoi n'en risquerait-on point de semblables au moral? Là où les hommes semblent retenus par l'influence des causes physiques dans un état permanent de langueur et d'imperfection, pourquoi ne point demander à la physiologie si l'on ne parviendrait pas à les en retirer par quelque innovation dans leur régime de vie, par quelque changement dans la combinaison de leurs travaux, de leurs plaisirs, de leurs aliments et de leurs exercices?

Ce ne sera pas non plus uniquement sous les rapports agricoles et commerciaux que le politique envisagera la possibilité de défricher de vastes landes, d'éclaircir des forêts immenses, de creuser des canaux, de dessécher des marais, de combler des abîmes, d'abaisser des montagnes, ou de frayer des routes jusques au fond des uns, jusque sur la cîme des autres. Toutes ces opérations peuvent altérer cet ensemble de circonstances naturelles que, pour être plus concis, j'appellerai la *Constitution Physique* d'un climat. Il ne les entreprendra donc qu'après avoir calculé la nature et la mesure de ces altérations et l'influence malfaisante ou bénigne qu'elles peuvent exercer sur la santé des hommes et sur leurs facultés morales. Il examinera quelles nouvelles habitudes doivent résulter pour eux des nouveaux travaux, des nouvelles jouissances qu'il leur apporte : et avec quel empressement ne les y conduira-t-il pas, si le physiologiste lui prouve que, par leur secours, il peut combattre avec quelque efficacité l'influence maligne de la nature, ou perfectionner ce qu'elle n'a fait qu'ébaucher.

Si, au contraire, ces travaux doivent détériorer dans ses effets la *Constitution Physique* du climat, loin de se laisser séduire par la prospérité apparente qu'ils lui promettent, il en rejettera la pensée, il les interdira aux hommes dont le bonheur lui est confié, en leur en montrant les dangereuses conséquences.

Sa surveillance doit s'aider encore de connaissances plus étendues. Tous citoyens d'un même état, parlant la même langue, et liés par tant de rapports d'intérêt et de famille, les habitants des diverses sections de l'Empire emprunteront volontiers quelques usages les uns des autres, surtout pour les cultures et les aliments. Un politique superficiel peut ne voir, dans ce penchant, qu'un instinct qu'il serait absurde de contrarier et superflu d'encourager. Un politique plus réfléchi soupçonnera qu'il peut être des cas où un pareil échange de coutumes deviendrait nuisible, et d'autres où il présentera des avantages réels. Il invitera en conséquence les physiologistes à discuter, dans tous les détails dont elles sont susceptibles, les questions suivantes :

« La nature du sol, les qualités de l'air et des eaux et la température d'un pays étant connues, telle culture nouvelle doit-elle assainir ou détériorer l'athmosphère ? Les habitudes physiques et morales quelle entraîne s'accorderont-elles avec l'influence physique et morale du climat, ou la contrarieront-elles ? Telle nourriture, telle boisson, très-convenables dans un site donné, produiront-elles des effets aussi salubres dans un site différent ? Favoriseront-elles la population ? Y nuiront-elles ? Doit-on espérer qu'elles aiguisent les facultés morales, ou craindre qu'elles ne les abrutissent ? »

B

Je pourrais demander si ces questions ont jamais été proposées ; et répondre : Rarement sous le rapport physique ; jamais sous le rapport moral.

En effet, grâce à des causes que chacun devine sans qu'il soit besoin de les indiquer, rien de plus étranger aux modernes qu'une idée juste de l'influence du physique sur le moral. Je ne parle pas ici des savants ; mais de cette masse d'hommes ordinaires, dont l'opinion non réfléchie et d'autant plus tenace, entraîne comme un torrent, dans son sens routinier, et les habitudes de la vie privée, et les conceptions des gouvernements. Ainsi, lorsque, de nos jours, cette influence a été discutée et établie d'une manière lumineuse par un Médécin philosophe (1), elle est devenue l'objet de plaisanteries aussi faciles à

---

(1) CABANIS, *Rapports du physique et du moral de l'homme.*

imaginer que dignes des êtres qui s'en amusent. Quelques hommes plus sérieux ont cru faire grâce à cette doctrine en la regardant comme un paradoxe ingénieux et hardi. Presqu'aucun n'a senti son évidence, non plus que son influence nécessaire sur tout ce qui doit dériver de la connaissance de l'homme moral.

A la honte de l'esprit humain! c'est donc au commencement du dix-neuvième siècle, qu'il faut (et souvent encore infructueusement) recourir à des raisonnements auprès de ces hommes qui n'ont de passions, de penchants, d'idées qu'autant qu'ils ont des sensations, pour les convaincre que tout ce qui entretient ou trouble l'état de vie et de santé des organes de leurs sensations doit influer sur ces sensations même, et sur les idées, les penchants, les passions qui en dérivent. Une expérience journalière ne permet pas de nier qu'un peu de café, de liqueur spiritueuse ne suffise pour obscurcir notre raison ou exalter notre imagination; et l'on doute si les aliments dont nous faisons un usage habituel, si les qualités de l'air que nous respirons, si l'ensemble des causes qui régissent notre existence physique, exercent sur nos facultés morales une continuelle et puissante influence. C'est avouer qu'une étincelle brille et embrâse; et nier que l'astre du jour donne la lumière au monde et la vie à la nature.

Garanti de ces préjugés par l'habitude de voir, de raisonner ce qu'il voit, et de ne croire que ce qu'il a bien vu, le Médecin philosophe étudiera partout cette influence si puissante et si peu appréciée. C'est dans les faits qu'il en cherchera la mesure, qu'il découvrira la nature et les limites des expériences que l'on peut tenter pour la bien connaître et l'appliquer heureusement. Afin de me faire mieux comprendre, qu'il me soit permis d'en indiquer une qui d'ailleurs se rattache à toutes les questions que j'ai posées. Dans quelques cantons où, à la culture du bled, on allie celle de vignes de qualité médiocre, j'ai cru appercevoir, chez les cultivateurs, une apathie qui les rend à peu près incapables de perfectionnement. Prodiguer tout, quand l'année est bonne, souffrir et mendier quand elle est mauvaise, voilà d'ailleurs l'histoire de leur vie. Ces habitudes sont en général celles des vignerons, comme le reconnaîtra quiconque a étudié les mœurs des pays de vignobles. Faudra-t-il donc détruire les vignes pour extirper avec elles des penchants funestes aux laboureurs? Mais si l'apathie qui prête à ces penchants leur principale énergie, peut, avec quelque vraisemblance, être attribuée aux qualités faibles du vin que ces habitants recueillent et consomment; ne serait-il pas plus doux et aussi sage de la combattre en améliorant leur boisson habituelle, par les procédés dont Chaptal a enrichi la Chimie domestique?

De tous les échanges que peuvent essayer entre eux les habitants de contrées diverses, de tous les changements qui font varier l'influence du climat sur les hommes, il n'en est point de plus important que la transmigration des indigènes d'un pays dans un autre.

Cette transmigration est-elle toujours *physiquement* avantageuse? Le Médecin recherchera s'il est des régions où ne puissent prospérer que des hommes acclimatés dès leur enfance; où du moins les hommes que l'on y veut introduire ne trouveraient que des maladies et des souffrances; s'il est des races que le mélange d'autres races détérioreraient, et des alliances qu'il faut proscrire dès qu'on le peut, telles que l'alliance des blancs et des nègres, inévitable en Afrique et en Amérique, mais qu'on n'eût jamais dû tolerer en Europe.

Si l'on considère la question sous le point de vue des avantages moraux, c'est encore à la Physiologie à la résoudre. Quelle que soit sur les hommes l'influence des lois et des usages, les résultats probables de la transmigration et du croisement des races, opérations purement physiques, doivent être d'abord appréciés par la science de l'homme physique.

On sait que chez les animaux, le croisement des races est le plus sûr moyen pour les empêcher de s'abâtardir. On observe quelque chose d'analogue pour les végétaux. En est-il de même des hommes ? On serait tenté de le croire;

quand on voit l'espèce de stupeur, de stagnation où végètent les peuples qui, depuis un tems immémorial, fixés sur un pays peu étendu, et n'admettant point d'hymens étrangers, ne sont renouvellés ni par le sang ni par le climat. Cette hypothèse expliquerait le caractère que les Juifs ont conservé jusqu'à leur dispersion, et là nuance prononcée qui distingue aujourd'hui les Juifs Portugais des Juifs Allemands. Elle prouverait que si, à la Chine, la civilisation n'est pas tombée, comme les sciences, dans un état de langueur ou plutôt de dépérissement, c'est l'effet des fréquentes invasions des Tatares, et surtout de la vaste étendue de cet Empire qui réunit dans son sein tant de climats divers. Elle rendrait concevables cette petitesse d'esprit, ce rétrécissement de l'ame, dont on accuse par tout les habitants *héréditaires* des villes de province les plus méditerranées, et même les familles qui, fixées au milieu d'une grande ville, ne se sont jamais écartées de la profession, du quartier, des alliances adoptés par leurs ancêtres.

En général, les races sédentaires et sans mélange paraissent peu susceptibles d'un perfectionnement prompt ou étendu; mais elles sont immuables dans le bien comme dans le mal. Elles ont des manières rudes et des préjugés difficiles à déraciner ; mais elles y joignent une physionomie morale bien prononcée. Leur langage manque de finesse, leurs usages ne sont pas raisonnés, leurs traditions semblent grossières et absurdes ; mais ce sont autant de médailles d'une antiquité reculée dont ailleurs on ne retrouverait point de vestiges. Naturellement fières et sauvages, ces races haïssent ou méprisent les étrangers; mais elles ont un attachement général et invincible au sol qui les a vues naître : c'est pour elles qu'est fait le mot sacré de Patrie.

Les races mélangées ont plus de vivacité et moins de constance ; plus d'aptitude et moins d'application ; plus de politesse et moins de loyauté ; plus de brillant et moins de physionomie. Les usages anciens cèdent au milieu d'elles, à l'amour de la nouveauté et à l'empire de la mode, et les antiques traditions s'évanouissent devant la critique et le raisonnement. Ce n'est, chez ces races, que dans les cœurs vertueux que peut naître l'amour de la Patrie ; mais, dans tous les esprits, fermente l'orgueil national.

La Physiologie peut, jusqu'à un certain point, rendre raison de ces différences, et indiquer, dans les applications particulières, quels biens l'on ne risque pas de perdre, quels avantages on doit craindre de ne point retrouver. Lorsqu'il s'agit de l'effet direct d'une transmigration, elle nous préservera de l'espoir aussi naturel que trompeur de corriger, par ce moyen, les vices qu'un climat enfante, de réunir dans une seule population les perfections de deux climats différents. On croirait, par exemple, que des montagnards communiqueront leur feu et leur énergie à la race pesante d'une plaine humide, d'une vallée profonde, où ils seront transplantés, et en prendront, en revanche, la modération et les habitudes laborieuses : mais bientôt, dira le Physiologiste, l'influence constante du climat aura effacé cette mutation passagère, et ramené les habitants anciens et nouveaux à une physionomie identique. Ainsi l'on a vu jadis les Mèdes, et après eux les Perses conquérants de l'opulente Asie, et les barbares qui, à plusieurs reprises, se sont établis dans la Chine et dans les Indes, perdre rapidement leur physionomie nationale, et devenir Asiatiques, Chinois, Indoux. Pour lutter contre l'action permanente du climat, il faudrait une circulation d'hommes non interrompue, et dès-lors trop peu compatible avec le cours ordinaire des choses, et l'amour que notre espèce a pour le repos et les jouissances assurées. Les avantages que l'on attend de ces transmigrations momentanées se resserrant ainsi dans une durée très-bornée, l'usage qu'on en peut faire ne doit pas être plus étendu. Cette observation trouvera sa place naturelle dans l'examen des moyens qu'a la société d'agir temporairement sur ses membres, à l'époque où ils sont le plus susceptibles d'être modifiés par son action, toujours redoutable si elle n'est pas salutaire.

Chapitre II.

Les hommes réunis en société sont sortis du sein de la Nature, et la Nature les en a repoussés à son tour. Elle ne veut plus pourvoir seule, ou par l'instinct grossier de parents sauvages, au développement de l'homme civilisé. Il faut que l'éducation vienne à notre secours; l'éducation qui ne peut être que physique pendant les premières années de l'existence. Qui donc la dirigera? Qui nous en prescrira les règles? C'est, sans contredit, la science qui a pour objet l'homme physique. Et l'on s'accorde sur ce point général, au moins en théorie; car, pour la pratique, on l'abandonne presque entière aux préjugés, aux caprices, à la routine, au hasard. Mais là même où l'on a fait le plus, a-t-on fait assez? En supposant que l'on doive à la Physiologie une bonne méthode d'éducation, lui a-t-on demandé toutes les modifications que cette méthode doit subir suivant les lieux et les climats? On conçoit pourtant que les exercices, les aliments, le régime appropriés à un pays chaud, pluvieux, méditerrané, ne peuvent convenir aux cantons froids ou secs, aux plages que baigne l'Océan. A-t-on songé aux effets préjudiciables que produiront sur le caractère des enfants les applications faites ainsi à contre sens d'une méthode raisonnable? Et certes, si l'influence du physique sur le moral doit être prise en considération, c'est dans cet âge où l'existence morale est si faible comparée à l'existence physique. A-t-on recherché, non d'après une théorie vague, mais d'après des faits rapprochés soigneusement, et long-tems examinés, quel rapport doit-être établi entre le régime physique de nos premières années et la carrière à laquelle nous vouent pour notre vie entière, notre condition, les desirs de nos parents, les lois de notre pays, les mœurs de nos concitoyens ?

Enfin si l'homme d'état, après avoir approfondi les qualités que la nature rend propres à chaque pays, ose entreprendre de réformer ce qu'elles ont de vicieux, de suppléer à ce qui leur manque, de perfectionner leurs avantages; il ne se bornera pas à des opérations générales dont le succès, toujours tardif, est souvent incertain. L'éducation des enfants lui offre une occasion sans cesse renouvellée d'employer des moyens particuliers dont l'efficacité est à la fois plus directe, plus prompte, et plus assurée. Mais dans l'exécution de ce plan, qui le guidera ? et comment saura-t-il, quels agents physiques il doit opposer à des causes purement physiques (1)? Cette dernière question et toutes les autres sont

―――――――――――――――――

(1) Si je dois en juger d'après la pratique, on se persuade assez généralement qu'on atteint

du ressort du Médecin physiologiste ; et c'est faute de les avoir approfondies que nos meilleurs traités d'éducation sont entachés d'une imperfection radicale.

Ces traités cependant sont bien au-dessus de notre pratique habituelle, toujours abandonnée aux préjugés et aux fantaisies de chaque individu. Nous ne pouvons lire sans surprise, peut-être aussi sans quelque confusion, de combien de précautions le Gouvernement, chez les anciens, environnait l'éducation physique. Parmi nous, au contraire, quoique la puissance paternelle ait bien moins d'étendue, il semble que l'enfant appartienne sans restriction à ses parents, qu'il leur soit permis de disposer arbi-

---

ce but en donnant à tous les enfans, quels que soient leur pays et leurs tempéramens, une éducation semblable : c'est croire que le même procédé peut servir pour courber ou redresser les bois et les métaux.

trairement de son présent et de son avenir, jusqu'à l'instant où la société le réclame comme Citoyen.

Et cependant, dès avant sa naissance, l'enfant appartient à la société.

Son allaitement doit-il dépendre du caprice de la mère ? le Médecin interdira cette jouissance aux femmes qui compromettraient leur santé ou celle de leur nourrisson. La loi permettra de s'en abstenir à celles qui, en s'y refusant, s'en déclarent indignes. Mais souffrira-t-elle indifféremment que toute femme allaite son enfant ou un enfant étranger ? Et lorsque nous choisissons de préférence une nourrice d'une figure agréable dans l'espérance très-douteuse que le nourrisson participera à ses agrémens comme à la pureté de son sang; ne demandera-t-elle pas aux Physiologistes si cette première nourriture dont les qualités exercent une si grande influence sur le tempérament et la conformation physique n'a pas autant d'action sur le moral; et si cette expression figurée *sucer avec le lait l'erreur et les penchants vicieux* n'a point un sens propre d'une vérité effrayante? Chez un peuple (et il en a existé de tels) où les vices des particuliers seraient l'objet de l'animadversion publique, la société dirait à chaque femme : Tu me dois une postérité vertueuse; si tu es fausse, colère, impérieuse, prodigue, tu n'allaiteras point ton enfant. Rendons justice aux femmes : il en est bien peu pour qui le sentiment de la maternité ne rendît cette menace terrible.

Ce sentiment si précieux, si nécessaire dans les premiers moments de l'existence, peut devenir préjudiciable par sa vivacité même, à mesure que l'enfant avance dans la vie. La question de la préférence à accorder à l'éducation publique sur l'éducation particulière, a été résolue par le raisonnement et l'expérience. La fille ne s'éloignera point des yeux vigilants de sa mère : mais le sexe destiné aux dangers et aux travaux extérieurs doit, dès que son développement le permet, être préparé à l'existence sociale par la discipline d'une existence commune. Sous ce point de vue, la Physiologie peut indiquer encore une mesure propre à accroître les bienfaits de l'éducation publique. Ce serait de faire, autant que possible, que les enfants, et sur-tout les adolescents, achevassent leur éducation loin du lieu de leur naissance. Les avantages de cette transmigration temporaire n'échappent à personne. Soustrait d'abord à une indulgence et à des jouissances dangereuses, distrait d'habitudes héréditaires qu'il ne reprendrait plus qu'en les modifiant à l'aide de la raison, l'adolescent de quelque classe qu'il fût, reviendrait homme dans ses foyers ; accoutumé à la température et aux influences d'un climat éloigné comme à celles du climat qui l'a vu naître; riche des idées et de l'industrie d'une province séparée de la sienne par une longue distance; également prêt à affronter sans pâlir les flots de l'Océan, à vivifier un attelier de manufacture, où à se courber avec constance sur le soc nourricier. Ce moyen d'établir des rapports toujours actifs entre les points les plus éloignés d'un empire, de propager rapidement les connaissances profitables, les méthodes utiles, les usages bienfaisants, réunit les avantages réels que l'on était porté à attendre des transmigrations durables et n'a aucun de leurs désavantages. Il renouvellerait sans cesse les hommes sous le rapport de l'influence du climat; et pourrait servir aussi la population : puisque s'il croisait les races, ce serait sans efforts, sans secousses, en livrant les individus aux inspirations de la Nature.

Ainsi, l'enchaînement de nos idées nous conduit à la question importante de la population, et nous appercevons déjà que la solution d'aucun problême politique n'est plus spécialement du ressort de la Physiologie. On a cru que dans cette discussion, il suffisait de raisonner d'après les penchants et les passions des hommes. Tandis qu'en traitant un sujet essentiellement physique dans son principe, il faut remonter aux sensations, aux desirs, à la sensibilité, à l'organisation, causes premières de ces passions et de ces penchants.

Ici, je le sais, je suis entouré d'écueils. Comment traiter sérieusement ce sujet, dans un pays et dans un siècle où la raison a tort dès qu'on lui peut opposer le ridicule? Qu'il me soit permis du moins de m'étayer du suffrage de ces peuples anciens que nous dénigrons quand nous ne pouvons les égaler; de supposer que s'ils avaient possédé des connaissances physiologiques aussi étendues que les nôtres, c'est dans ces connaissances, et non dans les croyances religieuses, dans les préjugés des âges de barbarie, qu'ils auraient puisé les principes des lois relatives à la population et au mariage. Lorsqu'un de ces désastres qui se renouvellent sous tant de formes sur la face de la terre, et souvent frappent un sexe de préférence à l'autre, aurait menacé de rendre la patrie déserte, ils auraient consulté l'interprète de la Nature sur les moyens de remplacer avec le plus de promptitude et d'avantage les générations éteintes. Ils lui auraient demandé si la Polygamie, née communément de la tyrannie du sexe fort sur le sexe faible, mais adoptée alors légalement et d'un consentement général, pourrait atteindre ce but, ou n'offrirait que des apparences bientôt démenties? S'il est un régime, une sorte de nourriture, une tenue d'exercices qui produisent en ce sens des effets moins frappants d'abord, mais plus réels parce qu'ils seraient plus durables, etc?

Et si, relativement aux circonstances politiques, la population devenait trop forte.... Ici, j'entends s'élever contre moi un cri unanime : c'est une maxime universellement reçue de nos jours que la population ne saurait trop s'accroître ; et j'aurais peut-être adopté sans examen cette opinion bien faite pour plaire au cœur de l'ami de ses semblables, si je ne l'avais vu mettre en avant par ceux qui considèrent les hommes comme des instruments dont on ne peut trop multiplier le nombre, et non comme des êtres dont chacun est en droit de demander son bonheur à tous les autres. Sans parler des causes physiques qui rendront dangereuse et misérable une population excessive, je ne présenterai qu'une considération politique. Une forme de Gouvernement étant supposée bonne pour un nombre d'hommes répandus sur une étendue donnée, on conçoit que ce nombre ne peut dépasser certaines limites, sans que la forme du Gouvernement cesse d'être convenable. Et si, comme l'expérience ne nous y autorise que trop, on voit un grand malheur dans l'alternative de supporter un Gouvernement qui ne convient plus ou de le changer, ne doit-on pas s'efforcer de rester constamment dans ces limites ?...

On peut se soustraire à ce danger par l'émigration volontaire de la population surabondante. Mais, au défaut de ce moyen qui n'est pas toujours praticable, recourra-t-on à ces guerres périodiques qui, tous les dix ans au moins ensanglantent l'Europe civilisée, et prolongent jusque sur les années de paix leur influence féconde en malheurs et en crimes. Entendrons-nous, comme à la Chine, retentir aux bords des fleuves, les vagissements d'enfants que, dès leur naissance, une famille trop nombreuse repousse dans la mort? Combattra-t-on la population par ces lois immorales et cruelles dont est souillée l'histoire de quelques peuples anciens et modernes?

Combien ne serait-il pas plus consolant d'obtenir du Médecin philosophe la solution de ce problème général : « Dans un pays, dont on connait le gouvernement, les mœurs et les circonstances naturelles, déterminer le régime physique propre à entretenir la population dans ses justes limites ; et les moyens d'en étendre ou d'en suspendre les progrès, lorsque des conjonctures impossibles à prévenir en feront sentir la nécessité ? »

D

CHAPITRE III.

La plupart des questions que j'ai indiquées peuvent paraître neuves; et l'on n'en sera pas surpris. Des événements auxquels elles se rapportent, les uns se présentent rarement et le plus souvent d'une manière imprévue; les autres s'opèrent presque toujours par un progrès si peu sensible que la difficulté de les saisir semble absoudre l'homme d'état qui les néglige. Mais ces excuses ne sont plus admissibles pour ceux qui se renouvellent chaque jour et individuellement au milieu de toutes les sociétés : et en est-il d'assez heureuse pour n'avoir pas sans cesse, dans son sein, des pauvres, des accusés, des criminels, des prisons, des maisons de détention, des dépôts de mendicité?

Le médecin est sans doute appelé dans

ces asiles de douleur, au moins dans les pays où la philosophie ose faire entendre sa voix : car, on le sait, il s'en faut que le régime des hopitaux et des prisons soit partout tel que le prescrirait l'humanité qui n'est ici qu'une stricte justice. Mais, là encore, la tâche du Médecin se borne à des secours individuels, tout au plus à des mesures générales de salubrité. La loi ne croit point nécessaire de se l'associer, dans les soins qui tendent à empêcher de se renouveller les désordres qu'elle réprime et les forfaits qu'elle punit.

Le philosophe aime à ne voir dans les hommes les plus coupables que des malades, quelquefois incurables et dangereux, et qu'il faut alors retrancher de la société, mais le plus souvent susceptibles d'être ramenés à la santé morale, et rendus au commerce et à l'affection de leurs semblables. La loi ne peut-elle partager cette manière de voir ? Et alors pourquoi ne demande-t-elle point aux Physiologistes quelle est la peine la plus propre à seconder ou à faire naître les remords dans l'ame du coupable qu'elle veut corriger, à combattre efficacement en lui le penchant qui l'a conduit au crime? On ne peut trop s'étonner de voir appliquer sans examen, des peines semblables à des délits qui n'ont rien de commun que dans les classifications abstraites des théoriciens. L'homme qui a tué, dans un emportement de colère coupable sans doute, mais provoqué par une injure grave, doit-il, si vous le laissez vivre, traîner pendant de longues années les mêmes fers que ce voleur avec effraction qui n'est point devenu meurtrier parce que l'occasion, la hardiesse, ou la puissance lui a manqué? Quel rapport entre la violence de l'un et la bassesse de l'autre, entre les punitions qui pourraient les corriger tous deux?

Aucun sans doute! et la peine est la même; et celui qui y survit rentre dans la société, sans qu'on s'inquiète si le châtiment a corrigé ses inclinations vicieuses ou n'a fait qu'avilir son ame.

On part, ce me semble, d'idées aussi incomplètes lorsque l'on calcule l'effet d'une punition publique pour contenir, par une juste frayeur, ceux qu'un penchant funeste peut écarter du sentier de la justice. On espère; que dis-je? On affirme positivement; (car il ne faut pas moins qu'une certitude pleine et entière pour légitimer des actes de cruauté) on affirme que l'appareil d'un supplice n'inspire aux spectateurs qu'un effroi propre à fortifier en eux l'horreur du crime. Interrogez le Physiologiste. D'accord avec l'expérience, il répondra que la multitude *sent* et ne réfléchit pas; que chez elle le premier, le plus puissant mouvement de l'ame n'est pas un raisonnement sur la cause du supplice ; cause presque oubliée, toujours débattue, rendue souvent douteuse par les dénégations d'un coupable opiniâtre et par le souvenir de tant d'innocents, victimes d'une erreur trop tard reconnue. Chaque témoin est tout entier à ce qu'il voit, à ce qu'il entend, tout entier au plaisir barbare mais réel de voir souffrir. La pitié l'émeut, si l'habitude de ce plaisir ne l'a point rendu inaccessible à la pitié ; et alors il prend le parti du coupable contre la loi. Cette disposition, si peu conforme au but qu'on se propose, n'est pourtant pas la plus à craindre. Celui qu'en préservent des yeux habitués à la vue du sang et des tortures, des oreilles endurcies aux cris et aux gémissements, des fibres incapables de frémir à l'aspect de la douleur d'autrui, celui-là n'assiste à une exécution que pour contenter, pour accroître sa férocité. Comment serait-il effrayé de maux dont l'aspect ne le touche pas ; dont le terme peut même lui sembler trop court et borner trop tôt sa jouissance? Et si un retour sur lui-même vient l'alarmer, il n'y puise que le desir de se venger d'avance sur la société des tourments qu'elle peut un jour lui faire endurer.

Dans tous les tems et dans tous les pays, la barbarie qui signale les vengeances des particuliers, les émeutes populaires, les guerres de religion ou de partis est proportionnée à la rigueur du système pénal. Les lois atroces font les mœurs atroces. L'homme livré aux impressions qui frappent habituellement ses sens, et dont il lui est, en quelque sorte, commandé de se pénétrer, ne se montrera pas plus avare que les lois qui le gouvernent, de la vie et des souffrances de son semblable. Il suit même leurs exemples avec une exactitude remarquable. Les Romains étaient aussi cruels que leur législation envers les gladiateurs et les esclaves: mais cette même législation défendait de punir de mort un citoyen Romain ; et pareillement l'histoire de la République offre bien peu d'exemples de meurtres particuliers : on respectait un sang que l'on ne voyait jamais couler sous le fer de la loi.

Telle est l'influence morale des habitudes physiques : et la loi anglaise qui exclut du *jury*, en matière criminelle, les bouchers comme rendus étrangers par les détails de leur profession aux sentimens de compassion et d'humanité ; et l'opinion invincible qui, dans les pays civilisés, flétrit l'état de bourreau, prouvent que cette influence, trop négligée, n'est pas entièrement méconnue.

Législateur, je n'hésiterais donc pas à consulter la physiologie sur la nature, la variété, l'application et la publicité des peines que j'emploierais comme autant de remèdes moraux. Mais je la consulterais plus assidument encore sur la tenue de ces asiles redoutables où le crime s'expie par la captivité. Résolu d'en bannir l'oisiveté si propre à rendre méchant l'homme faible, et pire l'homme méchant, je voudrais que des travaux soigneusement surveillés fussent mis en activité dans toutes les maisons de détention comme ils le sont dans quelques unes. Le genre, la durée, la mesure des travaux, le régime des atteliers varieraient non-seulement selon le sexe et l'âge, mais encore, autant qu'il serait possible, selon la nature des délits. Le philosophe instruit par l'étude expérimentale de l'homme physique, m'indiquerait la nécessité d'isoler tel individu pour abaisser son orgueil, d'abattre par la contrainte la férocité de celui-ci, de distraire celui-là des idées du crime par une occupation toute neuve pour lui et qui l'absorbât entièrement (1); et l'avantage de consoler, en les rapprochant, de ramener par degrés au travail volontaire et à la jouissance de la liberté ceux qui auraient péché par méchanceté bien moins que par faiblesse.

Il exercerait un empire non moins étendu sur le régime de vie et le mode de nourriture de ces infortunés. Je voudrais qu'il les conduisît comme des insensés dont il n'est que trop facile d'aigrir le mal, d'irriter les transports; mais

---

(1) On a conduit, en l'an III, à la maison de détention de *St. Lazare*, à Paris, une femme âgée de cinquante-deux ans, attachée au trop célèbre *Charlier* de Lyon, et signalée, comme lui, par des actes de cruauté. Une jeune prisonnière en a eu compassion, et lui a enseigné à lire et à écrire. Elle y a parfaitement réussi, en six mois : cette étude a produit une révolution remarquable sur le caractère de cette femme féroce par ignorance et par entraînement plutôt que par instinct ou par dépravation.

qu'un traitement sage peut calmer et guérir. On voit quelques verres de vin rendre subitement courageux et querelleur un être paisible et timide. On voit la différence d'aliments établir une différence morale qui ne s'est jamais démentie entre les peuples carnivores, et les frugivores; les uns audacieux et violents, les autres doux et soumis jusqu'à la faiblesse. Pourquoi donc un coupable, un homme cruel, assujetti, pendant son tems d'expiation, à un régime presque pythagoricien, ne reviendrait-il point à des mœurs plus humaines ? Ne vaudrait-il pas mieux du moins en faire l'essai, que de laisser ce misérable, pendant plusieurs années, mordre avec fureur les fers qui le meurtrissent, et ajouter à sa férocité naturelle tout ce que son ame peut contracter d'habitudes sauvages dans la souffrance et le désespoir ?

Un tel souhait ne renferme rien d'impraticable, rien qu'une saine théorie nous démontre impossible. Les médecins citent plusieurs individus guéris d'un amour excessif par la saignée et le régime débilitant. Il est aussi reconnu que les passions dont la nature est de ne durer qu'un tems, résistent rarement à une maladie grave. Si les dérangements physiques, si de simples moyens curatifs peuvent détruire une passion dont le transport entraîne si souvent à des actions coupables ; les ressources de la physiologie seront-elles impuissantes contre des penchants vicieux, des habitudes dépravées qui ne conduisent au crime qu'avec une énergie bien moins rapide et bien plus dépendante de circonstances étrangères ?

L'expérience a confirmé cette heureuse possibilité. Grâces aux soins d'amis véritables de l'humanité, la patrie de Franklin a vu ses chefs espérer que la loi pouvait corriger le coupable au lieu de le détruire, et, dans ce grand ouvrage, associer les moyens physiques aux ressources morales. A Philadelphie, les détenus pour crimes sont, dans une prison salubre, occupés à un travail dont le produit acquitté leur entretien, et pendant lequel ils observent un rigoureux silence. Tenus dans une grande propreté, ils mangent peu de viande et ne boivent point de liqueurs fermentées (1). L'ensemble de ce régime a obtenu une réussite complète. La diminution remarquable des crimes, malgré l'adoucissement des lois pénales, et le très-petit nombre des individus qui ont mérité de rentrer dans la prison dont ils étaient sortis, en

---

(1) Des *Prisons de Philadelphie*, par LA ROCHEFOUCAULT-LIANCOURT, *in*-8.°, an IV, *pag.* 24—25. — et TURNBULL, *visite à la Prison de Philadelphie*, trad. par M. PETIT-RADEL, *in*-8.°, an VIII, *pag.* 14-16 et 22-24.

E

ont prouvé l'efficacité correctionnelle (1). Voir abolir la peine de mort, hors des cas les plus rares et les plus atroces, et d'autres Etats imiter ces institutions salutaires (2); telle est la récompense assurée aux hommes qui les ont créés et soutenues au milieu de tant d'obstacles que leur opposaient des préjugés puissants et des intérêts plus puissants encore.

"Non seulement on pourrait adopter ces mesures; proscrire absolument l'usage des spiritueux dont l'effet nécessaire est d'égarer la raison, de réveiller l'audace, d'augmenter la violence; réduire à une nourriture végétale les in-

---

(1) *Des Prisons de Philadelphie*, p. 34. — TURNBULL, *ibid.* pag. 36—42.

(2) Dès l'an IV, on pensait, dans les états de *Jerseys* et de *Massachusets*, à adopter le régime des Prisons de Philadelphie. (*Des Prisons de Philadelphie*, pag. 45.) Il est aujourd'hui en vigueur dans l'état de *New-York*.

dividus dont ce régime ne compromettrait pas la santé ; maintenir, pendant le travail, ce silence profond qui enchaîne l'ame dans une situation calme et uniforme; mais il faudrait encore mettre en œuvre l'efficacité de la solitude. A Philadelphie, l'isolement absolu (*solitary confinement*) fait partie de la peine des condamnés au commencement de leur détention, et sert aussi à punir les prisonniers qui ont commis quelque faute : il devrait renaître pour tous, chaque soir, depuis la cessation des travaux, jusqu'à l'instant où ils recommencent. *Howard* (1) recommande fortement cette mesure, et en attend les effets les plus salutaires pour l'amendement des criminels. Son espérance sera partagée par le physio-

---

(1). *Etat des Prisons, des Hôpitaux et des Maisons de Force*, par John Howard; trad. de l'Anglais. (Paris 1788, 2 vol. *in*-8.°,) tom. 1, *pag.* 45.

logiste qui connaît l'influence qu'exercent, surtout sur une ame troublée, la solitude et les ténèbres, l'activité qu'elles donnent à la réflexion, l'énergie qu'elles rendent aux remords.

Mais en Europe, je le sens, des conceptions pareilles, si l'on veut les étendre autant que je l'ai fait, entraîneraient dans la pratique des détails dont l'immensité effraie notre paresse. C'est beaucoup qu'en France, ou du moins dans la capitale, on ait substitué un travail bien ordonné à l'oisiveté corruptrice des prisons : un préjugé, dont je n'assignerai pas ici la cause, y repousse par le ridicule toute tentative ultérieure qui tendrait à employer des moyens physiques pour réformer et perfectionner le moral. Dans d'autres pays, on trouve plus commode sans doute de laisser les crimes et les condamnations se multiplier réciproquement : la loi n'y semble songer qu'à tuer ou à faire souffrir le coupable, jamais à le corriger; moins encore à prévenir les crimes, autrement que par l'effroi qu'inspirent des exemples cruels, effroi dont l'existence est douteuse et l'efficacité sans cesse démentie par l'expérience.

Il serait odieux d'assimiler aux criminels, l'accusé privé de sa liberté avant que la loi ait prononcé qu'il mérite de la perdre; le prisonnier pour dettes, quelquefois à blâmer, mais toujours à plaindre ; le pauvre enfin, le mendiant même déjà si dangereux pour la société quoique non encore coupable envers elle ; c'est souvent la société qui est coupable envers lui. Je rappellerai néanmoins à celui-ci, que l'intérêt général défend de tolérer la mendicité; à tous, que rien ne pervertit l'homme, et surtout les hommes réunis, autant que l'oisiveté.

Ainsi l'on astreindra les accusés et les débiteurs à se choisir une occupation : celle des derniers sera nécessairement de nature à fournir à leur entretien et à l'acquit de leurs dettes, et ramenera ainsi la contrainte par corps au but primitif de son institution. Conduits par leur choix ou par l'autorité dans des temples dédiés à l'humanité, le vieillard, l'infirme y trouveront la nourriture et des secours ; le pauvre-valide la nourriture et du travail. En un mot dans les prisons, dans les hospices, comme dans les maisons de détention, ne laissez sans occupation que celui qui en est absolument incapable. Là aussi, le physiologiste réglera l'ensemble du régime, non-seulement pour le rendre, avec le moins de frais, le meilleur, le plus sain, et le plus heureux possible, mais encore pour combattre, par tous les moyens remis en son pouvoir, ce penchant à la fainéantise qui naît infailliblement de la mendicité quand il n'en a pas été la première cause ; cette nonchalance, ce goût de jouissances au-dessus de ses facultés, qui ruinent le plus grand nombre des débiteurs ; enfin cette facilité à se dépraver qui, chez toutes les nations policées, fait que tant d'accusés sortent criminels de la prison où ils entrèrent innocents.

Il est certains travaux, heureusement en petit nombre, qui compromettent la santé des ouvriers (1). Un homme libre qui les quitte, les reprend, les modifie à sa volonté, qui respire, marche et se délasse au grand air, n'en sent pas les inconvéniens, comme des prisonniers qui respirent sans cesse le même air et ne peuvent adoucir leurs fatigues par l'idée

―――――――――――――――――――――

(1) A Nuremberg « les Prisonniers sont « employés à former des verres de lunettes... « Ce travail est mal-sain ; on les saigne trois « fois l'année ». HOWARD, *état des Prisons*, etc. tom. 1, *pag.* 190,

consolatrice de la liberté. Le Physiologiste indiquera à ceux-ci les précautions que nécessite le genre de leur travail, ou leur interdira absolument une occupation dont le prix et la facilité ne compensent pas les dangereux effets. Jamais il ne négligera de leur prouver que la patrie, lors même qu'elle les punit ou les réprime, est une mère tendre qui ne cesse de veiller à la conservation de ses enfants.

La même pensée doit présider aux précautions physiques et aux privations. Ainsi, en prohibant les boissons spiritueuses et prescrivant le régime végétal, on exigera que la nourriture soit suffisamment substantielle; et les heureuses inventions de Rumford mettent à portée de concilier ces deux conditions avec une juste économie. La quantité des aliments doit aussi être proportionnée aux travaux : l'on voit avec plaisir, dans les prisons de Paris, les ouvriers recevoir une ration plus forte que les autres détenus. La salubrité publique, autant que l'humanité, réclame ces mesures: il résulte des observations de Howard que la disproportion de la nourriture au besoin réel est une des causes les plus énergiques de la *Fièvre des prisons* (1). Enfin le but moral de la détention n'y est pas moins intéressé; si l'excès ou la qualité trop succulente des aliments dispose l'ame au trouble et à la violence, leur insuffisance constante l'abat, la flétrit, la jette dans le découragement, dans la langueur, et lui rend impossible le retour aux habitudes laborieuses et raisonnables.

On doit, par les mêmes motifs, épargner aux prisonniers toute rigueur super-

---

(1) HOWARD, *état des Prisons*, etc.; tom. II, *pag.* 447—448.

flue ; et surtout l'excès du froid, de l'humidité et de la misère. On frémit quand on songe que les geoliers de plusieurs villes d'Angleterre tiennent les malheureux confiés à leur garde, hommes et femmes, continuellement enchaînés dans des cachots infects, sans feu, à peine vêtus, à peine nourris, la plupart sans paille et sans couverture (1). Cet affreux traitement, le plus propre de tous à enfanter des maladies contagieuses, révolte, désespère et ne corrige pas.

S'il faut connaître de pareils abus, pour les dénoncer à l'indignation universelle, le Physiologiste doit aussi étudier les procédés salutaires que l'instinct ou l'humanité a introduits chez d'autres

---

(1) HOWARD, *état des Prisons*, etc. ; *passim*, et surtout tom. II, *pag.* 447—448.

peuples, afin de naturaliser dans le pays qu'il habite tous ceux qui seront compatibles avec le climat, les mœurs, les opinions et les habitudes nationales.

Les détenus dans les prisons du comté de Kent et du comté de Berk (1), et les malades à l'hopital de Stonehouse près Plymouth, et au lazaret de Pétersbourg (2) sont, en arrivant, changés de tout et lavés à l'eau chaude. Comment une pratique si propre à empêcher que la maladie d'un particulier n'infecte tout un établissement, n'est-elle pas généralement suivie ? Comment ne pas souhaiter de la voir en vigueur dans les hôpitaux, les hospices, les prisons, les

---

(1) Howard. *état des Prisons*, etc., tom. II, *pag.* 204 et 318.

(2) Howard, *ibid.* tom. II, *pag.* 400 ; et Fortia de Piles, *voyage de deux Français au nord de l'Europe*, tom. III, *pag.* 93.

maisons de détention, les atteliers ; partout enfin, où un rassemblement habituel donne au défaut de propreté les plus funestes conséquences ?

A leur entrée dans les prisons de Philadelphie, les criminels quittent leurs vêtements pour prendre ceux de la maison, et, en été, ils se baignent deux fois par mois, dans un bassin creusé au milieu de la cour de la prison (1).

Dans quelques maisons de détention de Paris, les prisonniers prennent aussi l'habit de la maison. Mais quand ils ont été malades, on leur laisse rapporter cet habit, de l'infirmerie, aux dortoirs et aux atteliers, sans qu'on prenne soin de le purifier, soit en le passant au four, suivant la pratique usitée dans quelques

---

(1) *Des Prisons de Philadelphie*, pag. 15 et 23.

prisons d'Angleterre (1), soit en l'exposant à des vapeurs de gaz acide muriatique oxigené, conformément au procédé de Guyton Morveau. Le bain d'ailleurs n'y est point en usage, hors des cas de maladies. Dans beaucoup d'autres pays, on ne prend aucune de ces précautions.

Loin d'approuver cette négligence dont on a si souvent ressenti les funestes effets, le Physiologiste voudrait voir étendre plus loin encore les mesures qu'il réclame. Dans les établissements où cela ne serait point impraticable, il prescrirait le bain à diverses températures deux ou quatre fois par mois, comme mesure de salubrité et peut-être aussi comme moyen curatif moral. Sans exagérer l'effi-

---

(1) HOWARD, *état des Prisons*, etc., tom. I, pag. 61—62 ; et tom. II, pag. 318.

cacité du bain, on ne peut nier qu'il tende à calmer, à tranquilliser; sous ce rapport, il doit faire partie du régime destiné à ramener aux habitudes sociales, l'homme qu'un tempérament vicieux, un sang brûlant et des humeurs âcres ont, sinon entraîné, au moins prédisposé au crime.

La propreté que l'usage du bain sert à entretenir fait, dans tous les détails qui la composent, une partie essentielle du régime des prisons. Howard, dont l'autorité sur cette matière est si considérable, n'en omet aucun, et soutient, en s'appuyant de l'opinion de Pringle, du célèbre Cook et du *Spectateur Anglais*, qu'il est des qualités et des vertus que donne le goût de la propreté, des vices et des défauts qui ne peuvent subsister avec elle (1).

---

(1) HOWARD, *état des Prisons*, etc, tom. I, pag. 60—61.

Je n'ai pas besoin d'insister sur son importance relativement à la salubrité. S'il est des hommes à qui tant de précautions paraissent superflues, minutieuses, exagérées, qu'ils demandent à la science les véritables causes de ces maladies, connues sous les noms de *Fièvres des prisons*, *Fièvres d'hôpital*, qui moissonnent un si grand nombre de détenus, d'infirmes, de blessés; et sortant quelquefois de l'enceinte où elles ont pris naissance, portent au sein de nos villes l'épouvante et la mort. Qu'ils lisent la peinture que Howard a tracée des ravages qu'exerce cette contagion (1); et surtout l'histoire de ces fameuses *Assises-Noires*, dont le souvenir ne s'effacera jamais en Angleterre et aurait dû y corriger plus d'abus : quelques

---

(1) HOWARD, *état des Prisons*, etc. tom. I, *pag.* 3 et 21—22; tom. II, *pag.* 403.

accusés apportèrent au tribunal les miasmes infects de leur prison; et les magistrats, les officiers de justice, et trois cents spectateurs, dans l'espace de quarante heures, moururent (1).

En considérant ainsi comme les objets de la pitié la plus juste et des soins curatifs les plus assidus, les hommes que la société tient sous sa surveillance pénale ou coactive, trois points importants appellent encore sur l'intérieur de leurs asiles la sollicitude du Politique et du Physiologiste.

1°. Dans ces lieux d'où nous bannissons si sévèrement l'oisiveté et presque le repos, laissera-t-on pénétrer l'amusement ?

Dans la plupart des prisons, l'inaction

---

(1) En 1577, au château d'Oxford. *Ibid.* tom. I, *pag.* 21.

n'est interrompue que par des essais d'une adresse dangereuse ; par des excès de vin, par des jeux de cartes et de dés, qui réveillent des passions malfaisantes, et font que le détenu devient chaque jour un fripon plus avide et plus habile.

Nul doute, dira le Physiologiste, qu'il ne faille, à des intervalles réglés, couper le travail par des instants de relâche ; mais la durée de ces instants ne peut être indifféremment prolongée, et leur emploi ne doit jamais être arbitraire.

Il ne paraît pas que, dans la prison de Philadelphie, il y ait d'autre interruption au travail que la durée des repas du matin et du soir, pendant laquelle on maintient les criminels dans un silence aussi absolu qu'à l'attelier. A Paris, dans les maisons où les détenus sont occupés, on accorde communément une heure pour chaque repas. Dans quelques-unes, les prisonniers ont de plus, en été, une ou deux heures de récréation qu'ils passent dans la cour ou dans le préau. Le défaut d'exercice, l'aspiration continuelle du même air concourent si puissamment à la production des *Fièvres de prison* que l'on a dû désirer que les récréations fussent prises en plein air et consacrées à la promenade par des détenus qui, tout le jour, restent dans un attelier où leurs bras seuls sont occupés. Sous ce point de vue, l'on doit même veiller à ce qu'aucun prisonnier, par avidité ou par zèle, n'épuise ses forces en consacrant au travail le tems destiné à les réparer.

Mais à Philadelphie, on se conduit par une vue plus saine encore. On a voulu non-seulement empêcher entre les prisonniers ces conversations qui deviennent un si puissant moyen de dépravation mutuelle, mais aussi obvier à ce que rien ne trouble l'état de calme physique et moral dans lequel on s'efforce de maintenir continuellement chaque détenu. Tout semble devoir céder à cette considération majeure. Si l'organisation de la prison permet d'y conformer le reste du régime, on peut suppléer à la récréation et satisfaire le besoin de changer d'air et d'exercices, en occupant tour-à-tour et isolément les détenus à des travaux extérieurs, tels que le service de la pompe, du bois, etc.

Telle est à Philadelphie l'attention que l'on met pour retenir le prisonnier sous le seul empire du régime légal, que l'on y proscrit l'usage du tabac à *chiquer* (1), comme superflu et contraire à la santé. En pesant les motifs d'une telle prohibition, on sent qu'elle est raisonnable;

---

(1) TURNBULL, *visite à la Prison de Philadelphie*, pag. 15.

et l'on voudrait la voir prononcer dans les prisons d'Europe contre le tabac à fumer : il faut être humain pour les détenus, et non pas complaisant.

Dans la maison de correction de Stockolm, les femmes enfermées pour la vie, « ont, le jour de Noël, des violons payés » par la couronne; et c'est leur seule » récréation dans l'année (1). » Cette jouissance éphémère est accordée par la compassion; et je m'étonne peu que l'on n'en fasse pas même le prix de la bonne conduite pour des êtres qui ont perdu la liberté sans retour. Mais la saine politique réprouve ce mode de punition; car la société ne doit jamais renoncer à corriger le coupable qu'elle laisse vivre.

L'amusement, le relâche accordé au travail ne doivent être considérés que

---

(1) *Voyage au nord de l'Europe par deux Français*, tom. II, *pag.* 151—152.

comme des moyens d'atteindre ce but. Tout ce qui porte le caractère de la dissipation, de la superfluité, sera donc interdit, sans qu'aucune circonstance extraordinaire en puisse justifier l'emploi. L'uniformité constante peut seule garantir l'efficacité du régime physico-moral des prisons. Les hommes préposés au maintien de ce régime laisseront donc à l'autorité suprême le soin d'encourager la bonne conduite des détenus par l'espoir d'une diminution sur le tems de leur captivité. S'ils croient devoir récompenser un individu, l'adoucissement qu'ils lui accorderont ne tendra point à diminuer ses devoirs, mais à lui faire trouver plus d'agrément à les remplir. C'est ainsi que dans la maison de *Saint-Lazare*, on a récompensé quelquefois la sagesse et la soumission des détenues en leur permettant de travailler sur une terrasse, au lieu de passer dans l'attelier les belles heures de la journée.

La concession et le refus de semblables faveurs deviennent, entre les mains de l'administrateur qui veille sur la conduite des prisonniers, un moyen d'action simple, énergique, et sans cesse renouvellé : c'est ce qui doit décider à en admettre, et à en varier l'usage, partout où la nécessité ne le proscrit pas.

Ces principes, on le sent, ne doivent être appliqués avec toute leur rigueur, ni dans les prisons des débiteurs et des accusés, ni dans les atteliers des pauvres. C'est pour ceux-ci surtout que le Physiologiste en tempérera l'austérité, pourvu que les amusements n'entraînent aucune conséquence favorable au vice et à la fainéantise. Il regardera leur usage comme propre à dissiper cette habitude de tristesse et de découragement qui a souvent plus de part que l'on ne croit au dégoût du travail : et il lui importe aussi de convaincre l'indigent, forcé de renoncer à son oisiveté, qu'il trouvera des jouissances plus vraies et mieux senties au sein d'une activité honnête et profitable.

2°. Quelles peines châtieront les fautes commises par les détenus ?

Dans la plupart des prisons on emploie les peines corporelles : l'humanité en défend l'usage ; le Physiologiste prononcera si la raison ne le défend pas également ; si des rigueurs qui, exercées sur un être déjà malheureux, ressemblent si fort à la cruauté, ne vont point directement contre le but que la loi se propose ; si, au lieu de l'aider à recréer des citoyens, des hommes probes et actifs, elle n'exaspereront point le cœur troublé par des penchants vicieux, elles n'abrutiront pas l'ame découragée par l'infortune.

Dans le *Spin-House*, (maison de détention des femmes,) de Leewarden ;

il y a deux chambres obscures destinées aux prisonnières qui commettent quelque faute. Le plancher et les parois y sont carrelés de bois dont les angles sont en dehors ; et l'on ôte les souliers à la personne qu'on y renferme (1), en sorte qu'il lui est impossible de faire, sans souffrir beaucoup, le moindre mouvement. Il était difficile d'imaginer une leçon plus efficace pour inspirer cette paresse dégoûtante qui ne sort de l'immobilité absolue que lorsqu'elle y est forcée par l'excès du besoin.

Dans les prisons de Paris, les peines se réduisent à l'isolement et à la nour-

---

(1) HOWARD, état des Prisons, etc., tom. I, pag. 128. La chambre de discipline de la maison de correction d'Anvers était disposée de la même manière. Mais cette maison ne subsiste plus. *Ibid*, tom. I, *pag*. 320.

riture au pain et à l'eau (1). Dans celle de Philadelphie, on y ajoute la nécessité de regagner, par un plus grand travail, le tems qu'a duré la punition (2). Avec ces moyens simples, on parvient à y maintenir la subordination et le bon ordre.

Ils peuvent n'être pas les seuls que l'on mette en usage. Mais des distinctions dans la manière dont on traite les détenus, ou dans le travail auquel on les applique, la privation d'un travail salarié ou choisi par le prisonnier, celle

---

(1.) Dans plusieurs de ces Prisons on a renoncé à l'usage des cachots; et il finira sans doute par cesser entièrement. A la *Conciergerie*, le prisonnier, enfermé à la chambre de discipline, n'est mis au pain et à l'eau que lorsqu'il a manqué de respect à ses juges.

(1) TURNBULL, *visite à la Prison de Philadelphie*, pag. 25—26 et 29—31. et *des Prisons de Philadelphie*, pag. 25.

G

des amusements si l'on en accorde, aussi bien que l'isolement plus ou moins prolongé, l'augmentation de tâche, le changement dans la quantité ou la qualité de la nourriture, ne doivent point être employés comme peines, sans qu'on en ait apprécié l'influence générale et individuelle, du moins si l'on ne veut pas perdre de vue que ce sont des malades que l'on soigne, et non des hommes sains que l'on conduit. Le Physiologiste doit donc étudier cette influence au moral et au physique ; ou plutôt c'est à lui surtout qu'il appartient de trouver dans la combinaison du régime et des habitudes que l'on rend douces ou pénibles, un mode de punition, sûr dans ses effets répressifs, innocent et même salutaire dans ses effets moraux. Il montrera comment, en maintenant une discipline toujours régulière et jamais affligeante, on peut unir au bonheur de ne point offenser l'humanité, l'avantage inappréciable d'obtenir par la sévérité la plus innocente, un effet qu'ailleurs on n'oserait attendre des rigueurs les plus terribles : l'ame alors est plus frappée de ce qui la sort de son état habituel de calme, qu'elle ne le serait, dans une position continuellement douloureuse, de ce qui redoublerait sa douleur. C'est ainsi que, dans la maison de Saint-Lazare, on voit aujourd'hui la menace d'être enfermé dans une chambre bien éclairée et bien aérée produire plus d'effroi que n'en inspirent les chaînes, les coups, les horreurs d'un cachot infect, dans ces prisons où l'homme est endurci et préparé à tout par l'excès toujours croissant de la misère.

3°. Il est impossible de songer à rassembler dans un même lieu des détenus des deux sexes. A cette idée, se joint celle du plus effréné libertinage. Ce mélange a lieu en Angleterre, dans plusieurs prisons (1); et, ce qui est vraiment inconcevable, dans quatre *Bridewels* ou maisons destinées à la réformation des libertins et des femmes de mauvaises mœurs (2). Partout les conséquences en sont telles que l'on peut les deviner, et elles auraient dû depuis long-tems faire rougir le gouvernement qui tolère cet abus corrupteur.

Mais la séparation absolue des sexes a-t-elle des dangers moins graves ? La nature ne perd pas ses droits, au gré des réglements des hommes. Le besoin exalté se change en frénésie. Les goûts les plus monstrueux remplacent les désordres que l'on voulait prévenir, altèrent la santé, dépravent l'ame, s'y enracinent, et deviennent des habitudes qui dure-

---

(1) HOWARD, *état des Prisons*, etc., tom. II, *pag.* 176, 334, 346.

(2) *Ibid*, tom. II, *pag.* 182, 190, 319, 561.

ront autant que la vie. Ces égarements sont communs aux deux sexes; mais c'est chez le plus faible qu'ils se prononcent de la manière la plus effrayante. Le comble de la passion que les femmes peuvent nous inspirer n'a rien que de calme et de glacé, si on le compare au délire qui, entraînant ces infortunées les unes vers les autres, les enflamme tour-à-tour de desir, de jalousie, de volupté, de fureur. Il faut le dire, pour qu'on puisse apprécier son énergie funeste: jusque dans les hospices consacrés à la guérison des victimes de la débauche, ce délire, conséquence de la séparation des sexes, brave encore le spectacle hideux des maux qui punissent le libertinage; et souvent il reverse dans le sein des insensées qui s'y abandonnent le poison dont un art salutaire les avait délivrées.

On sent combien de désordres, et

moraux et physiques, doivent produire de tels excès : mais une surveillance assez active, assez assidue pour les prévenir, est-elle toujours possible ? Le déplacement fréquent des individus dans les ateliers et dans les dortoirs diminuera-t-il le mal ; ou plutôt ne l'aggravera-t-il pas, en multipliant, par l'attrait d'objets nouveaux, ces affreux desirs, et en en séparant cette affection individuelle et constante qui seule y pouvait mêler quelque chose d'excusable ? Un régime tempérant, combiné à un travail soutenu, semble devoir étouffer ou empêcher de naître des idées dangereuses : mais peut-on le pousser aussi loin que la nécessité paraît le commander ? Avez vous droit de détruire la santé de ces victimes de la loi, pour les soustraire à des penchants nés uniquement de l'état contre nature où la loi les force de vivre ?

Frappés d'une partie de ces inconvénients, les Hollandais permettent à des filles autorisées par la police, de pénétrer une fois la semaine, dans la prison de *Rapper'shuys*; et les détenus ne profitent de cette permission qu'autant qu'ils l'ont mérité par leur travail et leur obéissance. Plus tolérants et moins sages, les Anglais, dans trois de leurs prisons, souffrent que les débiteurs et aussi quelques accusés retiennent tout le jour et même fassent loger avec eux leurs femmes et leurs enfants (1). Il en résulte que, sous le nom d'épouses, s'introduisent habituellement auprès des détenus des femmes perdues, qui doublent leur dépense, deviennent les instruments de leurs désordres ou les complices de leurs crimes, en même tems qu'elles se familiarisent avec le séjour de la prison

---

(1) Howard, *état des Prisons*, etc. tom. II, *pag.* 118, 128. 163.

et se préparent à commettre sans crainte les actions qui peuvent les y conduire.

Quoique nos mœurs et nos opinions, ou plutôt nos usages et nos préjugés doivent, long-tems encore, rendre difficile pour les hommes, impossible pour les femmes, l'adoption même très-limitée des principes pratiqués en Hollande, pourquoi n'en pas risquer l'essai sur les individus mariés, et faire d'un rapprochement également voulu par la nature et par la morale sociale, le prix de plusieurs jours d'une conduite sans reproche?

On pourrait aller plus loin, et, de l'effet physique passant au moral, demander si l'on n'a pas vu souvent une privation forcée et prolongée conduire à la frénésie ou disposer à des penchants féroces une ame déjà ulcérée ; si les vices attachés au célibat, l'égoïsme, la froideur, la dureté, le détachement de tous les liens sociaux, ne se développeront point avec plus d'énergie dans la solitude d'une prison; si, au contraire, ce rapprochement consolateur, étant à propos ménagé, n'exercera pas une influence bienfaisante sur les ames que l'on veut ramener en même tems à la vertu et au bonheur?

Mais il est tems de résumer des idées que les esprits superficiels repousseront sans doute par la dérision, que les philanthropes, qui ont vu par leurs yeux, me reprocheront peut-être de n'avoir pas assez fortement présentées : si l'humanité n'est pas un vain nom, et l'influence du phisique sur le moral une fable, le politique a droit d'appeler le physiologiste dans ces asiles de travail et de repentir, de lui faire apprécier l'étendue et l'importance du mal, et de lui dire : la nécessité devant qui tout fléchit, et le préjugé presqu'aussi puissant qu'elle me contraignent ici d'imposer des chaînes à la nature; indiquez-moi le secret d'en alléger le poids dans le présent, et, pour l'avenir, d'en prévenir ou d'en effacer les traces (.

(1.) Ce chapitre renferme des détails plus nombreux et plus circonstanciés que ceux où je me suis proposé d'entrer dans le reste de mon ouvrage. Mais je devais peut-être faire sentir une fois combien il est facile et important d'étendre, et de suivre dans leurs dernières ramifications les idées que je n'expose ailleurs que sous le point de vue le plus général. J'ai choisi, pour cela, un sujet qui touche spécialement l'humanité, et dont les détails pratiques exercent une influence aussi grande que fréquemment renouvellée sur l'intérêt de la société et le bonheur des individus. Il me fournissait d'ailleurs l'occasion précieuse de rappeler les nombreuses améliorations introduites depuis quelques années dans le régime des prisons de Paris; améliorations que, chaque jour, le zèle éclairé des magistrats s'efforce d'étendre et de perfectionner.

Chapitre IV.

Semblables à la lumière, les sciences ne concentrent pas leurs bienfaits sur un seul point. Eloigné de sa patrie, le savant, le physiologiste surtout jouit du doux avantage de la servir encore. Ainsi dans les navigations de long cours, les fonctions d'un chirurgien ne se bornent plus aux soins habituels de sa profession; elles lui imposent l'obligation d'éclairer ses compagnons sur l'usage ou les dangers des plantes, des aliments, des remèdes que leur offre une plage inconnue.

Quand le commerce cherche à profiter des connaissances acquises par des voyages lointains, la médecine encore lui enseigne à distinguer, parmi les productions d'une terre étrangère, celles dont l'importation doit être prohibée comme pernicieuse, ou assujettie à des précautions qui en préviennent l'insalubrité. La même science n'est pas dénuée de toute influence sur l'exportation : habile à discerner et à combattre les maladies attachées à chaque profession, à chaque genre d'industrie, elle assure à ceux qui s'y livrent une supériorité réelle, partout où les produits de ces métiers, l'exercice de ces arts utiles ou agréables deviennent, pour le pays où ils excellent, l'objet d'une exportation avantageuse.

Sous un autre point de vue, la diplomatie peut s'aider du secours de la médecine. S'il est, et en grand nombre, des contrées soustraites par leur position à nos relations politiques, des peuples ignorants, susperstitieux, qui méprisent ou abhorrent nos sciences et nos arts, l'utilité toujours présente de l'art de guérir et notre supériorité reconnue dans cet art l'emportent sur leur orgueil et leurs préjugés. L'exercice de la médecine est le meilleur passeport pour voyager dans l'Orient ; la sureté, la considération que n'auraient pu donner de nombreuses escortes et des actes émanés des souverains, des connaissances médicales l'ont procurée à Bruce, à Thunberg, à Olivier, et à cent autres voyageurs dans les pays les plus barbares.

Quand la science peut promettre de tels succès à un individu isolé, quels ne seront point ses effets dans un établissement fixe où des colons Européens feront participer la nation qui les accueille, à ces secours gratuits et éclairés qu'au sein de nos villes, l'humanité distribue au malheur ? S'il faut souvent contenir par la terreur la malveillance des indigènes d'une terre nouvelle, il est plus doux et aussi politique de se concilier leur amour par des bienfaits. Lorsque l'armée française eut formé au Caire un hôpital civil, où les habitans étaient admis et soignés (1), ceux-ci, malgré les préjugés qui devaient les en éloigner, sentirent bientôt avec reconnaissance le prix de cette institution; et bénirent les généreux étrangers à qui ils devaient une compensation, si nouvelle pour eux, des désastres que la guerre entraine à sa suite.

Mais c'est ici sur-tout, c'est lorsque des hommes entreprenants vont, loin du lieu de leur naissance, se créer une nouvelle patrie, que l'on doit demander à la médecine les renseignements les plus détaillés et les secours les plus assidus. L'émigration d'une population trop nombreuse, la déportation de criminels que l'on espère rendre à la vertu en les arrachant à leurs habitudes dépravatrices, enfin des projets de commerce ou de

---

(1) Larrey, *Relation historique et chirurgicale de l'expédition de l'armée d'Orient en Égypte et en Syrie.* 1 vol. 8.º, Paris an XI, pag. 255—255.

conquête peuvent donner naissance à des colonies. On sent que les mêmes vues ne sont pas toutes applicables à ces trois espèces de colonies, et que le Physiologiste consulté sur le choix du lieu pour les deux premières, ne placera point sous le même soleil et dans le même site, celle où une nature sauvage doit associer ses rigueurs à la sévérité de la loi, et celle où des enfants de la mère-patrie, envoyés et dirigés par elle, espèrent ressaisir promptement, par un travail modéré, le bonheur et l'aisance qu'elle regrette de ne pouvoir leur faire trouver dans son sein.

Quand les anciens peuples voulaient bâtir une ville, fonder une colonie, ils immolaient un grand nombre de victimes, et jugeaient, sur l'aspect de leurs entrailles saines ou malades, de la salubrité du climat et des maladies dont les hommes y seraient menacés. Si ces signes étaient défavorables, on choisissoit un autre emplacement (1). On pourrait adopter dans la fondation des deux premières espèces de colonies, cet usage auquel on ne peut reprocher que d'avoir, comme tant d'autres également fondés sur des observations physiques, dégénéré en pratique superstitieuse. Les indices qu'il fournirait ne seraient pas les seuls déterminants : mais sûrement on ne doit point confier des hommes à une terre qui ne nourrit que des animaux languissants et infirmes.

La localité des colonies fondées dans des vues politiques ou commerciales ne dépend jamais entièrement du choix immédiat des hommes ; elle n'en mérite que plus spécialement l'attention du Phy-

―――――――――――――――――――
(1) Vitruv. *de Archit. Lib.*. . . .— Cette origine explique l'habitude où l'on était de s'en tenir rarement aux premiers indices obtenus, et de chercher à les confirmer ou à les détruire par un grand nombre d'autres ; habitude qui se conserva après qu'on en eut perdu de vue le véritable motif.

siologiste. Là, comme dans toutes les autres colonies, il étudiera d'abord la nature de l'air, les causes qui le rendent salubre ou pernicieux, les causes soumises à l'action des hommes qui peuvent l'améliorer ou le détériorer ; les aliments que la terre fournit, ceux que le climat rend mal-sains ou nécessaires, ceux que la culture ou la préparation peut perfectionner ; les maladies que l'expérience ou des conjectures fondées sur l'analogie font craindre d'éprouver, les médicaments indigènes propres à les combattre, le régime destiné à les prévenir (1). Combien d'exemples désastreux font une loi au Politique qui va fonder ou renouveller une colonie de s'entou-

---

(1) L'ouvrage de M. LEBLOND, intitulé *Observations sur la fièvre jaune*, etc. (Paris an XIII, 1805), offre la preuve des services nombreux et importants que peut rendre dans les Colonies, un Physiologiste éclairé.

rer autant qu'il lui sera possible de ces notions préliminaires! Il désirera surtout qu'on lui indique les tempéraments les plus propres à prospérer sous ce ciel nouveau et ceux qui résisteraient mal à son influence. Si le site de la colonie, n'a pas dépendu de sa volonté, il voudra du moins, parmi les races diverses que lui offrent l'étendue d'un grand empire et la variété de climats qu'il renferme, faire un choix heureux des colons, et ne point envoyer des milliers d'hommes à une mort aussi certaine qu'infructueuse.

Si, dans le cours habituel des choses, il est bien difficile de réunir des connaissances aussi étendues, préalablement à l'établissement d'une colonie, elles n'en sont pas moins indispensables et pour sa prospérité et pour la conservation des individus qu'y conduisent l'espérance ou le besoin. Si les jours de chaque homme appartiennent à la société dont il est membre, cela est vrai surtout en ce sens qu'elle ne doit point lui permettre de s'exposer à un danger inutile, qu'elle doit le défendre sans cesse de son imprudence et de son ignorance. On déclâme contre un suicide que des souffrances sans bornes et sans remède justifient trop souvent; on arme contre lui la religion, les lois et l'opinion; et on laisse froidement des hommes téméraires chercher au-delà de l'Océan une terre qui va bientôt les dévorer. La connaissance des précautions que le changement de patrie leur prescrit de prendre, des symptômes qui devraient le leur interdire, est reléguée dans des livres savants où le politique, a qui la vie d'un homme est si précieuse, n'ira jamais la chercher.

Heureux même s'il les consulte lorsque la nécessité exige que la métropole fasse passer des défenseurs dans ses colonies. Quelque fois on a veillé à la conservation des soldats en réglant la nature de leurs aliments, en les assujettissant à une discipline raisonnée. Mais a-t-on jamais cru nécessaire de faire entre eux un choix pour transporter uniquement aux colonies ceux que leur tempérament rend le plus susceptibles de s'y acclimater? S'est-on même demandé si les soins et les frais qu'entraînerait un pareil *triage*, ne seraient pas plus que compensés par la certitude de ne point voir succomber aux rigueurs du climat des guerriers qui affronteraient avec gloire le fer de l'ennemi? L'honneur de donner l'exemple de cette précaution aussi sage qu'humaine appartient aux Français : Elle fut prise, aussi scrupuleusement que les circonstances le permettaient, lors de l'embarquement des troupes qui, en l'an VI, ont composé cette *armée d'Orient*, non moins célèbre par les fatigues et les fléaux de tout genre qu'elle a bravés, que par ses victoires et par son courage au-dessus des revers.

De l'influence de la constitution physique du pays sur la santé des colons, on est conduit à examiner l'influence qu'elle exercera sur leur moral. Que deviendront-ils sous un ciel si différent de celui qui les vit naître ? Quelles qualités de leur ancienne patrie transmettront-ils à la race dont ils vont devenir les fondateurs ? Quelles nouvelles qualités acquierront-ils ? La mère-patrie aura-t-elle à craindre leur énergie inquiète, ou à soulager, à protéger, leur molesse et leur timidité ? Ces flibustiers actifs, intrépides, ennemis de l'esclavage et même de la dépendance, à qui la mer et la terre semblaient offrir trop peu de travaux et de dangers, deviennent, en se fixant sur le sol fertile et brûlant de Saint-Domingue, des colons paresseux, impérieux, soumis, défendus à grands frais par la France qu'ils enrichissent. D'un ramas de fugitifs entraînés loin de leur patrie par la misère, l'effroi, le fanatisme religieux, et, dans l'origine, régis presque tous, et isolés par des constitutions féodales, l'Amérique septentrionale a vû se former un corps d'hommes libres et tolérants, riches et instruits, séparés par leurs mœurs particulières, mais unis par l'intérêt de l'indépendance et de la prospérité communes, pour composer un empire unique qui, dès ses premières années, jette, malgré son éloignement, un poids considérable dans la balance politique de l'Europe. Des causes morales ont sans doute coopéré à ces étonnantes mutations : mais elles sont dues surtout à l'ensemble de circonstances dont se compose la *constitution physique* du climat.

Il est rare qu'une Colonie s'établisse dans un pays désert. Dès l'instant de leur arrivée, les Colons auront des relations multipliées avec les peuples auxquels ils s'incorporent ; et de nos jours on ne pense pas que la méthode la plus équitable et la plus sure de traiter avec les possesseurs des terres où l'on aborde soit celle dont se servirent les Espagnols pour fonder le christianisme au Mexique et au Pérou. Il est donc important de connaître le caractère des peuplades voisines; il est important même de le deviner, avant qu'une expérience presque toujours désavantageuse et souvent coupable ou funeste ait mis à portée de l'apprécier. La science physiologique, perfectionnée par l'étude des questions politiques, peut d'avance, jusqu'à un certain point, entreprendre la solution de ce problème. Par les mêmes recherches qui lui doivent révéler l'avenir des Colons, elle parviendra à pressentir, avec quelque probabilité, quelles sont les mœurs des peuples qui les environnent (1). Un physiologiste éclairé

---

(1) Les notions premières de la langue d'un peuple peuvent fournir quelques conjectures sur son caractère. On remarque, par exemple, que

eut arrêté peut-être, à l'entrée du froid et montueux Chili, ces Espagnols, conquérans si rapides des plaines soumises aux Incas : à moins qu'un sentiment de justice n'eut fermé sa bouche prête à prédire que là, dès le premier jour et pendant bien des années, s'accompliraient la punition de tant de crimes et la vengeance des innocens Péruviens.

C'est peu que les Colons soient absolument étrangers à la patrie qui les doit

---

les individus et les nations qui ne peuvent prononcer les consonnes âpres telles que l'R, ont en général peu de courage et d'énergie. (Voyez l'art. *homme*, par M. Virey, dans le *Nouveau dictionnaire d'histoire naturelle appliquée aux arts*, tom. XI, *pag.* 283—284). On peut tirer aussi quelques inductions de l'aspect extérieur des habitants, du genre de leurs aliments, de la topographie du pays qu'ils habitent, de la nature du sol, du climat où ils vivent et de la manière dont ils en supportent les intempéries, etc.

adopter et à ses habitants; ils y abordent, attachés par toute la tenacité de l'habitude et tout le charme du souvenir aux lois, aux mœurs, aux croyances d'une contrée différente. Avant que la nécessité les ait forcés de renoncer en partie à ces monuments de leur origine, avant qu'elle ait vaincu leur soumission par la désuétude, leur répugnance par le besoin, leur superstition par la souffrance, que de misères à endurer! que de périls individuels! que d'obstacles à la prospérité commune. Dès les premiers jours, le physiologiste peut leur indiquer quelles coutumes deviennent pernicieuses, quelles obligations impossibles. Il les enhardira à s'en affranchir, ou plutôt il démontrera la nécessité de ces changements aux dépositaires de l'autorité, aux auteurs de la loi : et l'on ne verra plus, sous l'autre hémisphère, des Colons, trop scrupuleux imitateurs de la France, s'exposer

I

à mourir de faim ou de maladie, en observant un carême rigoureux à la seule époque de l'année où la pêche ne peut leur fournir d'aliments (1).

En perdant des habitudes devenues superflues ou préjudiciables, il importe à la Colonie de s'approprier avec discernement les connaissances et les usages des peuples au milieu desquels elle se forme. Cette tâche est encore imposée au physiologiste. Mais, indépendamment des rapports particuliers, facilement saisis d'après ce qui a été dit plus haut, il trouve ici des rapports généraux, sous lesquels il servira à la fois les Colons et la mère-patrie qui l'a placé au milieu d'eux comme une Providence tuté-

---

(1) C'est ce qui arrivait en Acadie à la fin du dix-septième siècle. Voyez la *Relation du voyage du Port-Royal de l'Acadie*, par M. DIEREVILLE, (*in-12*, Rouen 1708.) *p.* 105.

laire. Non-seulement il rivalisera avec le naturaliste et le Botaniste pour la découverte de tous les végétaux, de tous les animaux utiles qui peuvent enrichir les Colons, et s'acclimater dans les campagnes de l'Europe ; mais sans cesse occupé du soin d'agrandir son art, et certain que la science peut apprendre de l'ignorance même, il étudiera les procédés curatifs que l'instinct, le hasard, ou les traditions d'un tems immémorial ont donnés à des peuples grossiers (1). Il se sou-

---

(1) C'est à la science à prononcer ensuite sur l'adoption des procédés jusqu'alors inconnus. Mais l'analogie et la réflexion indiquent d'avance ceux qui méritent quelques succès. Les femmes des Votiaks et des Tchérémisses, à l'imitation des paysannes Russes, accouchent communément dans un bain de vapeurs, ce qui facilite beaucoup l'enfantement que la rigueur du climat rendrait très-pénible sans cette précaution.

viendra que l'on doit aux Péruviens les bienfaits du quinquina, que les Sauvages de l'Acadie nous ont enseigné l'emploi de la fumée du tabac pour rappeler les noyés à la vie (1); que désormais les Européens pourront échapper à ces dysenteries si meurtrières dans les régions équatoriales en s'assujettissant au régime des indigènes et surtout à l'usage du

---

(L'Evêque, *Histoire des peuples soumis à la Russie*; tom. I, *pag.* 413—414). On conçoit que, dans bien des cas, cette pratique pourrait être adoptée parmi nous. Je n'en dirai pas autant de la manière dont les Kalmouks guérissent la pleurésie à laquelle ils sont fréquemment sujets. « Le Médecin saisit les chairs du côté » malade et les serre fortement entre ses doigts : » cette méthode sauvage a souvent du succès » (*Ibid.* tom. II, *pag.* 151). Il serait curieux néanmoins d'étudier les principes et les effets de ce bizarre moyen de guérison.

(1) *Relation de* Dièreville, *pag.* 190—191.

bétel (1); enfin que, d'une pratique répugnante des Hottentots, Rumford tire aujourd'hui des conjectures utiles pour les sciences et avantageusement applicable à nos habitudes domestiques (2). Il ne dédaignera même pas de jeter un coup d'œil sur ces tours d'adresse, ces prétendus miracles, ces guérisons prodigieuses que les anciens voyageurs attribuaient à une puissance magique, que les nouveaux nient ou méprisent, et qui sont le plus souvent l'application subtile ou fortuite de quelque phénomène physique aussi intéressant à dé-

----

(1) *Observations de* M. F. PERON, *sur l'usage du Bétel. Journal de physique*; tom. LIX, *pag.* 290—299.

(2) *Recherches sur la chaleur et sur la manière dont elle se propage*, par BENJAMIN comte de RUMFORD. *Journal de physique*; tom. LVIII, *pag.* 430.

couvrir que mal connu de ceux qui le mettent en usage.

La curiosité et le besoin établissent promptement entre les colons et les indigènes un commerce d'échange ; et la Politique qui favorise ce commerce, veille aussi à ce qu'il ne prenne point une extension dangereuse. Il est des denrées dont l'importation n'est pas moins pernicieuse que la faute trop souvent commise de fournir aux voisins d'une colonie, la poudre et les armes à feu qui assurent la supériorité militaire des Européens. Je ne citerai qu'un fait bien remarquable parce qu'il s'étend, par sa durée, à plus de deux siècles. L'esprit de révolte et de carnage a constamment agité les naturels du Chili, jusqu'au jour où les Espagnols, reconnaissant l'imprudence de leur avidité commerciale, ont cessé d'aiguiser, par des liqueurs spiritueuses, la férocité et le ressentiment de leurs sujets (1). Des connaissances physiologiques auraient suffi pour faire, dès le principe, prononcer, dans l'Amérique méridionale, la prohibition du trafic des eaux-de-vie qui n'y a eu lieu qu'en 1771; et d'après un tel exemple, elles autorisent peut-être à réclamer cette prohibition dans toutes les circonstances semblables (2).

Des précautions analogues s'étendront à toutes les denrées dont le commerce doit faire prospérer la colonie. Quelle

---

(1) Voyez l'article *Chili* par M. MASSON DE MORVILLERS, dans le *Dictionnaire de géographie moderne* de l'*Encyclopédie méthodique*; tom. I, pag. 426.

(2) Les Français, dès l'an 1699, avaient cessé de vendre des liqueurs spiritueuses aux sauvages de l'Acadie. Voyez *relation de* DIEREVILLE; *pag.* 156.

sera sur les colons l'influence de leur culture et de leur manipulation? Quelle sera dans la métropole l'influence de leur importation et de leur usage? Quelles précautions peuvent remédier aux inconvéniens et accroître les avantages? La première de ces questions eût pu, dans le tems, prévenir le désastreux esclavage des Nègres; la seconde, faire prohiber l'ouverture ou du moins l'exploitation désordonnée des mines du Pérou. Toutes trois, discutées généralement sous les rapports physique et physico-moral, doivent, ce semble être prises en considération dans la législation commerciale des colonies. Quelque prépondérance que les calculs d'intérêt financier obtiennent dans cette législation, l'intérêt d'avoir des hommes heureux, sains, et laborieux, y peut être aussi compté pour quelque chose.

CHAPITRE V.

Dans l'examen de la législation physique des colonies, j'aurais dû, ce semble, parler des alliances que les nouveaux habitants d'un pays peuvent contracter avec les indigènes, et des liaisons qui s'établissent bientôt entre les colons et les femmes livrées à l'esclavage, partout où un intérêt mal calculé pour le bonheur puisqu'il ne l'est point par la justice (1) a introduit ou toléré cette funeste institution.

---

(1) L'utilité réelle est inséparable de l'équité : cela est vrai pour les particuliers et plus encore pour les états qui, doués d'une vie bien plus longue, sont plus exposés à subir les conséquences fatales de mesures injustes. Pour combattre ce principe, on allègue le bonheur apparent de quelques individus qui, mettant leurs passions coupables à la place de l'intérêt de la nation qu'ils devraient servir, lui font suivre des principes politiques incompatibles avec la

Mais ces deux points nous conduisent à considérer sous un aspect plus vaste les applications de la Physiologie à la législation.

Sur le premier, l'intérêt politique est tellement d'accord avec l'inspiration de la nature qu'il peut s'en reposer sur elle : en faisant quelque chose pour la seconder, il risquerait de l'affaiblir. Dès que ces alliances sont possibles, leurs avan-

---

morale. On oublie que le crime dont ils semblent recueillir le fruit leur survit toujours, et que, long-tems après, la peine en retombe sur leur pays. Ainsi la France expia l'orgueil et l'ambition de Louis XIV par les désastres de la guerre de la succession ; ses profusions par la banqueroute de Laws ; l'égoïsme pusillanime du cardinal de Fleury par le honteux traité de 1763 ; l'ignominie des dernières années de Louis XV, et les dissipations et l'impunité des ministres de Louis XVI, par tous les maux de la révolution.

tages l'emportent sur tous les motifs particuliers qui, quelquefois, militent contre le *croisement* des races : elles concilient aux colons des affections qui veillent à leur sûreté (1), et d'une autre part, la race la plus propre à prospérer dans un climat n'est-elle pas celle qui y naît de parents acclimatés ?

Sur le second point au contraire, l'effrayante rapidité avec laquelle les caresses des brûlantes Africaines vengent leurs compatriotes et précipitent au tombeau la race des oppresseurs ; l'intérêt de la population qui ne peut fleurir au

---

(1) On sait combien de fois les Colons européens ont été informés par les femmes indigènes qu'ils avaient épousées, des complots tramés contre eux. En 1728, tous les Français auraient été victimes des *Natchèz*, si une femme de cette nation, unie à un Français, n'eût préféré son époux à ses compatriotes, et révélé la conjuration.

sein du libertinage; celui de la morale outragée par des naissances dont les auteurs regardent leurs enfants comme d'une autre espèce qu'eux-mêmes; les opinions nationales qu'il importe de ne point choquer, et la presqu'impossibilité d'assigner un rang dans la société et dans l'ordre civil à une génération équivoque que la liberté repousse, et que l'immoralité la plus cruelle n'ose pourtant vouer à la servitude (1); en un mot, les préjugés, la science physiologique, la politique, la morale, tout semble s'unir pour dicter une loi qui réprime le commerce monstrueux des colons et de leurs esclaves.

Mais ici le Physiologiste, s'élevant

---

(1) On peut assigner comme une des premières causes des désastres de la colonie de St.-Domingue, cette difficulté devenue insurmontable, et la haine et la défiance que les Blancs ont, en conséquence, nourries jusqu'au dernier jour contre les hommes de Couleur.

au-dessus d'une considération particulière, quelque puissante qu'elle paraisse, doit appercevoir dans l'instinct impérieux de la Nature un obstacle plus fort que toutes les ressources de la politique, et tel que l'on ne saurait contrarier cet instinct sans s'exposer à des maux pires que ceux que l'on veut prévenir ; il doit avertir les législateurs des bornes de leur pouvoir, et leur remontrer que la loi la plus sage en apparence, est la plus folle, dès qu'elle se met en opposition avec la force des choses.

La loi qui ordonne, défend, et punit, la loi est toujours faite pour des hommes, c'est-à-dire pour des créatures faibles, changeantes, *impressionables*, dont l'existence débile et fugitive, étrangère à toute qualité *absolue*, n'admet rien que de relatif dans les règles qui doivent la diriger, comme dans les passions qui la troublent et les jouissances qui l'embellissent. Les principes fondamentaux de la morale sont les mêmes pour tous les hommes, parce que tous les hommes se ressemblent par le type essentiel de l'espèce : mais ses détails ne doivent pas moins varier que le génie et les qualités des diverses races d'hommes; et surtout dans les règles qui dérivent immédiatement des conventions sociales, parce que ces conventions même sont toujours modifiées par les différences du sol, du site, et du climat. Chacun sait, en effet, sur combien de points le *pour* et le *contre* ont été, suivant les tems et les lieux, proclamés crime ou vertu, ou action indifférente; combien d'exemples de ce genre on a cités pour justifier des forfaits, ou étayer des erreurs pernicieuses. De ces variations dans la morale, fait positif et sans cesse renouvellé, contre lequel échouent tous les raisonnemens, le Philosophe conclud l'obligation où se trouve le législateur de connaître l'instinct physique que les hommes tiennent et de la nature et du sol qu'ils habitent; afin de s'en servir utilement, de se dispenser d'ordonner ce qu'il commande dès qu'il est profitable; d'y céder, de le légitimer toutes les fois qu'on le peut sans risque; de l'enchaîner par des obstacles imperceptibles, mais puissants, ou de le modifier en changeant sa direction, suivant que la nécessité le veut et que la nature le permet; enfin de le combattre par quelque moyen supérieur, dans le cas très-rare où l'on reconnaîtrait que cette périlleuse victoire, est vraiment indispensable.

C'est faute d'avoir saisi ces considérations, que l'on a fait tant de lois qui, raisonnables en théorie, sont absurdes ou atroces dans la pratique. C'est pour cela que, politiquement parlant, les religions les plus sages sont rarement bonnes hors du pays qui les a vues éclorre, et où elles consacrent des usages et un régime moral appropriés à sa *constitution physique*. C'est pour cela aussi qu'elles se modifient plus ou moins, plutôt ou plus tard, suivant les climats et les nations; que les peuples qui les adoptent, lors même qu'ils en observent les pratiques et en soutiennent les dogmes avec le plus d'ardeur, secouent si facilement, en secret ou même en public, le joug trop pesant des préceptes.

J'ai dû faire cette observation parce que l'empire des opinions religieuses est l'arme la plus forte que l'on ait cru jusqu'ici devoir opposer à l'instinct physique; et qu'il importe d'apprécier son pouvoir et les localités dans lesquelles il est limité. Ce moyen d'ailleurs a l'inconvénient de réagir sur la morale et de faire regarder comme *absolument* bon ou mauvais ce que le fondateur réligieux n'a dû prescrire ou défendre que pour un tems, un lieu, une conjoncture. Attentif à se préserver d'une erreur qui a coûté tant de sang et de larmes à l'humanité, le Législateur croira son systême politique conforme à la plus pure morale, lorsqu'il aura fondé d'une manière solide et durable le plus grand bien-être du plus grand nombre des individus. Il se gardera de proscrire comme un crime l'action qu'un penchant irrésistible ferait commettre malgré ses défenses; car il ne veut ni punir injustement et inutilement, ni habituer les citoyens à enfreindre la loi sans remords. Dans le systême des lois civiles et pénales relatives à l'union des deux sexes, il n'hésitera point à accorder, ou du moins il évitera de défendre ce que rendront nécessaire le climat, les tempéraments, la proportion respective des sexes et leurs relations politiques et sociales. Il concevra même comment, dans l'Asie et dans l'Afrique, des politiques éclairés ont dû tolérer la polygamie; comment elle peut être une conséquence de l'influence combinée des circonstances physiques, du genre de gouvernement, et des usages plus puissants que les lois (1); comment les réformateurs qui ont voulu

---

(1) M. Virey, (article *Homme* dans le *nouveau dictionnaire d'histoire naturelle*, tom. XI, pag. 158 et 161), observe que la Polygamie, une fois établie, se perpétue d'elle-même; l'affaiblissement des hommes maintenant, dans les naissances, la disproportion des femmes. Selon le même écrivain, la Polygamie est nécessitée ou rendue impossible, suivant que les mœurs sont plus corrompues ou plus pures, le gouvernement plus despotique ou plus libre. Cela est vrai; mais les raisons qu'en apporte M. Virey ne paraissent pas à l'abri de toute objection. Il suffisait d'observer que, dans l'état despotique comme dans l'état sauvage, le faible est toujours asservi par le fort. De là l'esclavage des femmes et leur multiplicité.

détruire ce qui leur semblait une erreur morale, ont montré une soumission inconsidérée aux préjugés et aux idées superstitieuses, bien plus qu'une connaissance vraie de la nature et des voies qui conduisent l'homme à la sagesse et au bonheur.

Guidé par des réflexions aussi sages, il ne placera point entre les Colons et leurs esclaves une loi dont l'unique effet serait le scandale produit par sa violation habituelle. Il considérera leurs unions sous le même point de vue que l'alliance avec les indigènes : il cherchera d'abord à les faire servir à la sûreté des Colons; ensuite à suppléer, par leur fécondité à la faiblesse de la population sortie de la métropole; et afin de s'en attacher les fruits par l'espoir de faire un jour partie de l'état, il prendra la mesure adoptée par les Anglais, à la Jamaïque, où les hommes de couleur, à la quatrième génération, acquièrent tous les droits des blancs.

C'est parce que l'union des deux sexes, les vices qui peuvent la troubler, les qualités propres à y entretenir le bonheur tiennent essentiellement à l'instinct physique de l'homme, que le code du mariage est la partie de la législation sur laquelle la Politique a le plus besoin d'être éclairé par les physiologistes. La confiance intime que leur concilie, au sein des familles, l'exercice de leur art salutaire, les met, non moins que l'étude approfondie de l'homme physique, à portée de révéler les principes de lois aussi éloignées de l'anarchie du libertinage que de l'austérité du fanatisme.

Leur premier conseil sera sans doute de se montrer sobre de lois prohibitives.

Ouvrages des préjugés (1), plutôt que d'un intérêt dont l'expérience ait démontré la réalité, ces défenses nuisent à la population, exposent les mœurs et ne tendent guère qu'à faire des coupables et des hypocrites dès qu'elles ont à combattre l'énergie de l'amour.

Les rigoristes modernes feignent d'ignorer qu'il en est des préceptes de morale comme des contributions, que, passé un certain terme, plus on demande moins on obtient; ils soutiennent que l'on ne peut trop étendre la règle des devoirs, que l'homme faible ou vicieux s'en affranchit toujours assez (2). En voulant trop

---

(1) La preuve que ces prohibitions n'étaient point d'institution religieuse, mais seulement de discipline, c'est qu'on pouvait s'en affranchir en achetant une dispense du Pape.

(2) Laissez-moi dire, répondait le trop fameux *Marat* à ceux qui lui reprochaient des pro-

serrer un lien, on le brise, dira au contraire le Physiologiste : et cet axiome est vrai au moral aussi bien qu'au physique, surtout si on l'applique à la théorie du mariage et du divorce. Nulle part les chaînes de l'hymen ne sont plus pesantes pour les femmes que chez les Musulmans ; nulle part les lois ne maintiennent avec plus de sévérité la séparation des deux sexes : et l'on sait à quel excès de témérité, à quel oubli de la pudeur le besoin de l'amour entraîne les femmes turques (1) ; on sait combien la rigueur

---

vocations qu'aucune exaltation ne pouvait excuser. « Eh ! mon dieu ! laissez-moi dire ; on » n'en rabattra que trop ! » (Voyez *le vieux Cordelier de* Camille-Desmoulins; n°. IV, *pag.* 64). Ce rapprochement remarquable prouve qu'en politique, en morale, en religion, le langage des fourbes est le même.

(1) Voyez-en des exemples dans les *Mémoires du Baron de* Tott ; *in-*8°., tom. I, première

des lois multiplie, dans l'empire Ottoman, les avortements, les expositions d'enfants, et cette dépravation ou plutôt ce délire qui, chez les deux sexes, fait honte à la nature (1).

Les mêmes motifs qui prescrivent de ne rien porter à l'extrême dans les lois de ce genre, commandent aussi de seconder, autant du moins que cela est possible, l'exécution du pacte que règlent ces lois. Il faut le répéter; car des enthousiastes qui regardaient le célibat comme le comble de la perfection, ont exercé une telle influence sur les idées

---

partie, *pag.* 181, et dans Porter, *Observations sur la religion des Turcs*, deuxième partie, *pag.* 64—68.

(1) Voyez Mouradgea d'Osson, *Tableau de l'Empire Ottoman*; in-folio, tom. II, p. 211, et J. Porocki, *Voyage en Turquie et en Egypte fait en* 1784; 1 vol. in-18, p. 23—26 et *pag.* 101—102.

des peuples européens, qu'aujourd'hui encore nos lois et nos préjugés supposent toujours que le penchant le plus énergique de l'homme est cependant le plus facile à réprimer ; il faut le répéter, dis-je, la nature a des droits dont la violation ne reste jamais impunie (1). Dans les déserts, comme au milieu de nos capitales, elle les fait sentir, et les

---

(1) Si l'on trouve que je pousse ici trop loin la liberté de penser, que l'on daigne se rappeler ce que les magistrats de Sparte permirent aux femmes pendant l'absence de leurs maris retenus depuis dix ans sous les murs de la belliqueuse Messène. Et les austères disciples de Lycurgue cherchaient moins, par cette condescendance, à prévenir l'affaiblissement de la population qu'à éviter de punir comme un désordre ce qu'aucune défense n'aurait pu empêcher ; en effet, la race née du commerce des Lacédémoniennes avec leurs esclaves fut bientôt envoyée, sous la conduite de Phalante, dans la grande Grèce où elle fonda la ville de Tarente.

exerce par le crime quand elle ne le peut pas par des actions licites. Ainsi l'on voit, chez les peuples policés, les mauvaises mœurs naître presque toujours des mauvais ménages ; ainsi, les femmes de plusieurs tribus sauvages se fesaient avorter parce que, pendant la grossesse et long-tems après, elles étaient rebutées par leurs époux (1).

Effrayé d'un danger qui menace à la fois les mœurs et la population, le législateur appellera-t-il à son secours les opinions religieuses ? Pour apprécier ce moyen, il lui suffit de se rappeler que la débauche et la corruption n'ont été nulle part portées aussi loin qu'autrefois dans le Bas-Empire, et aujourd'hui dans les parties les plus religieuses

---

(1) Voyez DE PAW, *Recherches sur les Américains*, tom.   pag.

L.

de l'Italie, en Espagne, en Portugal, et dans les contrées de l'Amérique soumises à ces deux puissances. Osera-t-il, comme Solon au nom de la loi, comme Mahomet au nom du ciel (1), intimer des ordres à un desir qui n'en peut recevoir. Les conseils du Physiologiste le préserveront de cette erreur : on ne commande pas plus à l'instinct physique qu'on ne l'anéantit.

Un écrivain ingénieux, (*de Paw, recherches sur les Grecs*, tom. pag.), a remarqué que la vie très-retirée des

---

(1) Voyez PLUTARQUE, *vie de Solon paragraphe* XXVI, et *le Coran*.

La loi de Solon n'avait d'exécution que trois fois par mois. Celle de Mahomet est plus exigeante. Cette différence est celle des climats, des races, des habitudes, c'est-à-dire, des principales causes qui font varier l'instinct physique.

femmes Athéniennes, résultat de la sévérité des lois conjugales, privait leur esprit l'un dégré de culture et de brillant que possédaient les courtisannes et qui donnait à celles-ci un avantage aussi constant que funeste aux mœurs. Cet exemple est un trait de lumière. Une vie obscure, une éducation toute d'obéissance et d'ignorance ne conviennent aux femmes que dans une civilisation imparfaite. Partout où le progrès des arts et des lumières peut faire des talents et des agréments l'apanage du sexe le plus faible, ne souffrez point que le libertinage s'en empare. Qu'une éducation sage, qu'une mesure décente de liberté sans laquelle la grâce n'existe point, assurent aux épouses, aux mères de familles, cet avantage séduisant. Alors l'attrait vertueux qui porte l'homme vers sa compagne, rendu plus vif et plus durable, n'aura pas besoin, pour régner constamment, du secours impuissant des lois.

Dans toutes les classes, à tous les degrés de civilisation, augmentez les charmes des femmes pour rendre le lien du mariage plus heureux et plus solide. Là même où ne peut les atteindre le bienfait d'une éducation délicate, empêchez du moins que des ouvrages trop grossiers, des fatigues excessives, des traitements indignes ne hâtent leur vieillesse et ne flétrissent l'attrait que leur a imprimé la nature. Des voyageurs, surpris d'observer chez des hordes hideuses un genre de libertinage que l'on a cru long-tems inspiré par les formes brillantes des Grecs et des Asiatiques, en ont trouvé la cause dans ce que peuvent ajouter à ce défaut naturel d'agrémens, les travaux accablans imposés aux femmes par le despotisme des époux.

Si l'on applique au divorce des principes analogues à ceux que je viens de développer, cette question, discutée de nos jours sous tant d'aspects divers, paraîtra peut-être bien neuve encore.

Des époux réclament le divorce par des motifs qu'eux seuls peuvent apprécier, et que le respect de la pudeur publique défend de divulguer ; ils le réclament avec une énergie capable de triompher des formalités et des délais qu'un législateur sage fait servir de barrières à l'entraînement d'une résolution précipitée : on oppose à leur demande, et les idées religieuses, et l'intérêt des mœurs, et une opinion d'autant plus redoutable qu'elle ne veut écouter aucun raisonnement contraire. Eh bien ! après un refus, est-il au pouvoir de la loi, de l'opinion, de la religion (1), d'empêcher le véri-

___

(1) « Un autre abus très-fréquent dans le » Pérou, (c'est-à-dire dans un pays où les peuples les plus dévots de l'Europe passent

table divorce, le divorce du cœur et des sens de s'établir au sein de l'habitation commune et sur l'autel même de l'hyménée? Et qu'ont gagné les mœurs, lorsque vous tenez enchaînés dans une intimité étroite deux êtres que tendait à séparer toute l'énergie de leur volonté; lorsque vous les forcez à se haïr dans toutes les relations de la vie où le pre-

---

pour l'être trop peu) « c'est la facilité avec
» laquelle on rompt les mariages..... A la pre-
» mière infirmité de la femme. le mari se dé-
» goûte et cherche un prétexte au divorce.
» Celle-ci en use de même, lorsqu'elle voit que,
» malgré tous les efforts qu'elle fait pour *atti-*
» *ser le feu* qui s'éteint, il n'y a plus moyen
» de *l'allumer*. Des prétextes de dévotion leur
» fournissent alors celui de se retirer au couvent
» des *femmes séparées*, où il est permis de
» vivre comme l'on veut » (*Voyages de*
FRANÇOIS CORRÉAL *aux Indes Occidentales*.
Paris 1722, *in*-12 deux vol., tom. I, *pag.* 313
—314.

mier besoin est de s'aimer? Qu'ont-elles gagné lorsque le sentiment de son veuvage, non moins que l'impulsion de l'amour-propre et le besoin d'être consolée, conduit au désordre la jeune épouse contrainte désormais d'acheter par la corruption le silence de tout ce qui l'environne ou de braver hautement le scandale universel et la patience de son époux; lorsque l'époux infidèle, dans les bras de sa maîtresse, dissipe le patrimoine de ses enfants, ou combine les moyens de faire tomber sur une épouse détestée toute la rigueur de la loi?

On objecte aussi l'intérêt des enfants. Mais chez les Juifs, (que l'on n'accusera point d'être une nation irréligieuse). la loi de Moïse rend le divorce d'une facilité effrayante (1). Il ne paraît pas

---

(1)« Si un homme a pris une épouse, a vécu
» avec elle, et qu'elle ne trouve point grâce

cependant que cette facilité ait jamais nui à l'amour des parents pour leurs enfants, ni à l'éducation de ceux-ci, ni surtout à leur multiplication. Un tel exemple est remarquable chez un peuple dont la législation entière est si heureusement combinée pour faire triompher la population de tous les obstacles moraux et physiques.

Toute union contrainte est stérile. C'est une règle générale, surtout parmi les hommes civilisés, dont le physique

---

» devant ses yeux à cause de quelque désagré-
» ment, il écrira l'acte de divorce, le lui don-
» nera et la renverra de sa maison. Si, en étant
» ainsi sortie, cette femme prend un autre mari,
» à qui elle déplaise aussi, qui lui donne en-
» core l'acte de divorce et la renvoie de sa mai-
» son....., le premier ne pourra la reprendre en
» mariage, etc.». Deutéronome; chap. XXIII, versets 1 et 2.

est si profondément soumis à l'empire de la répugnance morale. Supposez même que le sentiment originaire de haine, et cet éternel souvenir de la tentative impardonnable de se séparer puissent s'effacer un moment : quelle fécondité espérez-vous de ces embrassements froids donnés sans amour et reçus avec contrainte ? Leur fruit même, s'ils en ont, ne portera-t-il pas, dès la naissance, le sceau de l'aversion de ses parents ? Et de cette aversion combien n'auront pas à souffrir son enfance, son éducation et peut-être sa vie entière ?

Ainsi, en refusant de dissoudre par le divorce les unions mal assorties, vous sacrifiez à des considérations illusoires, le but réel du mariage qui est à la fois, de renouveler la population au sein de la morale et du bonheur par la formation de familles légitimes, et de fixer, pour chaque individu, sur une seule personne, la satisfaction de ces desirs qui appartiennent à tout être bien organisé, et dont les écarts enfantent dans la société des désordres si graves et des haines si durables.

Voilà, je pense, ce que répondraient les Physiologistes appelés à résoudre les questions concernant le divorce, sous le rapport du bonheur des individus et sous celui de la prospérité de la population : mais on ne les a consultés ni sur l'un ni sur l'autre.

La même omission a toujours eu lieu relativement à deux problêmes dont aucun Politique ne contestera l'importance : *Les soldats peuvent-ils être mariés?... Doit-on tolérer des professions qui obligent au célibat?*

Il serait facile d'en relever beaucoup

de semblables, et de prouver que les modernes, si fiers de leurs connaissances plus vastes que celles des anciens, les rendent souvent inutiles par leurs préjugés, leur négligence, leur irréflexion, et aussi par cette présomption qui fait que chacun, dans sa partie, croit savoir tout, être universel, et n'avoir nul besoin de consulter autrui.

Mais, en nous bornant aux considérations générales, nous sommes autorisés à conclure que l'homme d'état doit emprunter des observations des Physiologistes la connaissance des objets sur lesquels les lois sont superflues ou impossibles, parce que la nature a d'avance déterminé la marche des hommes; celle des cas où l'on peut combattre un instinct nuisible, le redresser, le diriger; celle enfin des principaux moyens d'arriver à ce but. Le Politique qui méditera sur les idées que de pareilles questions doivent lui faire naître en foule, se convaincra peut-être que la partie la plus difficile de sa tâche n'est point de savoir ce qu'il doit prescrire; mais au contraire de distinguer ce qu'il doit s'abstenir d'ordonner, lors même que des considérations spécieuses, des principes bons en théorie, des opinions accréditées semblent l'y inviter ou l'y contraindre.

CHAPITRE VI.

Une différence frappe toujours quand on compare la législation des anciens à celle des modernes. Les uns voulaient que la loi étendît sa sollicitude jusque sur les moindres détails de la vie intérieure : l'homme chez eux ne devait pas un instant cesser d'être citoyen et d'appartenir à la société ; et ce système les conduisit quelquefois à porter des lois absurdes (1). Chez les modernes, au contraire, on a vu plus d'un gouvernement accorder à ses sujets la liberté de ne rapporter en rien leur conduite au bien général, et la licence de commettre

---

(1) Suivant les lois de Zaleucus, un Locrien malade qui buvait du vin sans ordonnance du médecin, était puni de mort, en supposant même qu'il guérît par ce remède. ÆLIAN. *Variar. hist. lib.* II, cap. 37.

des crimes, pourvu que lui-même pût faire à son gré le mal public et particulier (1).

Un gouvernement sage se gardera de l'un et de l'autre excès. Après avoir recherché sur quelles matières il n'a point droit d'ordonner, parce qu'il ne le pourrait faire utilement, il portera ses regards sur les points qu'une idée mal entendue de liberté individuelle voudrait soustraire à sa surveillance.

---

(1) On peut citer pour exemple, la débauche autorisée à Venise par les lois, (voyez tous les voyageurs et surtout CAMBRY, *voyage pittoresque en Suisse et en Italie*; in-8°., an IX, tom. II, *pag*. 222); les assassinats tolérés publiquement à Padoue, (voyez MISSON, *voyage en Italie*, tom. I, *pag*. 198—199); les voleurs établis et commerçant impunément à Rétegno; (voyez GORANI, *mémoires secrets sur l'Italie*, tom. III, *pag*. 310—316), etc.

L'expérience des Physiologistes attirera d'abord cette surveillance sur les détails et les effets de l'aisance et du luxe.

Ainsi que leurs conseils influent aujourd'hui sur l'emplacement des marchés, des cimetières, des voieries, des manufactures d'où peuvent s'exhaler des vapeurs nuisibles; ainsi ils doivent être écoutés sur l'encouragement ou la prohibition de ces mêmes manufactures, relativement au nombre des ouvriers qu'elles emploient, à l'influence que les travaux exercent sur leur santé (1)

___

(1) « Les molécules salines terreuses répandues dans l'air que respirent continuellement ceux qui battent le plâtre, finissent, dit M. Parmentier, par occasionner insensiblement dans la poitrine des embarras funestes qui abrégent considérablement leurs jours ». M. Parmentier, en conséquence, sollicite de l'autorité la prohibition de cette pratique malsaine,

et sur leurs habitudes morales, aux qualités de l'air et de l'eau nécessaires pour y entretenir la salubrité, etc.

On a distingué, dans les grandes villes, une maladie affectée à chaque quartier, ou qui du moins y est plus répandue et plus meurtrière. Le mode de construction des maisons, leur hauteur, la direction et la largeur des rues que l'on peut y percer ou y renouveller; la multiplication des fontaines, l'avantage d'emprunter leurs eaux d'une source, d'un étang, ou d'une rivière, la substance même des tuyaux dans lesquels ces eaux doivent circuler; la nature, la qualité et l'abondance des aliments, des boissons,

---

et l'ordre d'y substituer partout, pour la pulvérisation du plâtre, les moulins consacrés à cet usage dans quelques cantons de la France, et dont l'effet est infiniment plus rapide. (*Annales de Chimie*, tom. LIII, *pag.* 47—48).

des vêtements dont on peut favoriser l'usage et le débit; le genre des occupations et des délassements; en un mot tout ce que l'on peut opposer aux causes présumées de la maladie endémique; voilà autant de sujets sur lesquels le Médecin doit à sa patrie le tribut de ses méditations.

Des recherches moins profondes peut-être, mais plus difficultueuses parce que leur objet ne reste jamais un instant le même, lui serviront à apprécier les avantages et les inconvénients des modes. Si, dans un pays tel que la France, il est impossible de faire adopter exclusivement un habit national; que du moins chaque Médecin s'élève avec force contre tous les habillements évidemment nuisibles à la santé; qu'une imposante unanimité donne au législateur le courage de les proscrire par une défense que réclament à la fois la décence et l'hygiène.

Croira-t-on que ce qui tient plus encore que la mode à des conventions purement arbitraires, ce qui, chez un peuple civilisé, constitue le *costume* et le *cérémonial* puisse prêter à une considération physiologique ? Comparons néanmoins sous ce point de vue l'étiquette de deux grands peuples. A Rome, tous les jours, dès cinq ou six heures du matin et souvent plutôt, chaque citoyen s'arrachait au repos, et bravant le froid, la boue, le vent, les frimats et la pluie, parcourait la ville entière pendant deux heures pour aller saluer les personnages auxquels il était dévoué ou dont il recherchait l'amitié (1).

---

(1) Touchant cet usage sur lequel on était, à Rome, très-exigeant, voyez Juvénal *sat.* V, ver. 19—23, et Martial, lib. I. épig. 109; II, 18; III, 36; IV, 8 et 78; V, 22; IX, 92; X, 82; XII, 18 et 26.

Les hommes les plus considérables ne se dispensaient pas absolument de ce devoir; et il ne paraît pas qu'il fut reçu, même dans les tems de luxe, de se servir de litière pour ces sortes de courses, et moins encore pour accompagner au *Forum* l'un des patrons que l'on avait salués. Cette fatigue quotidienne explique comment le soldat romain, quoique pesamment chargé, exécutait ces marches aussi étonnantes pour la longueur que pour la rapidité, où le plus souvent, ses chefs lui donnaient l'exemple de la constance. Dans les marches forcées des Français, le courage et la gaîté suppléent à l'habitude : mais ils n'ont pu toujours empêcher que l'excès de la lassitude et les intempéries de l'air ne moissonnassent bien des victimes parmi les soldats sortis de nos cités. Il est sûr au moins qu'en France la classe aisée, la classe *bourgeoise* ne sait pas aller à pied;

dans les petites villes, parce que les affaires et les plaisirs n'appellent jamais qu'à des distances bornées ; dans les grandes villes, parce que notre costume *habillé* prescrit impérieusement l'usage d'une voiture, et d'une voiture fermée.

Les hommes les plus habiles à manier les chevaux, et les plus propres par conséquent à former une cavalerie redoutable, sont ceux qui, tous les jours, et dès leur enfance, ont pratiqué cet exercice ; ainsi la supériorité de la cavalerie polonaise est généralement reconnue, surtout quand elle perfectionne par la discipline l'avantage de ses dispositions naturelles. Si l'on rapproche cette considération de la précédente, il est permis de souhaiter que le *costume*, laissant exclusivement aux femmes, aux malades, aux vieillards l'usage des voitures, prescrive aux Français d'exercer et d'accroître, par la marche et l'équitation journalières, l'adresse et l'agilité qui les caractérisent. La santé, le perfectionnement de la race ne sont pas moins intéressés à cette innovation, que le développement de forces proportionnées au courage national. Quelle comparaison sous ces trois rapports, entre l'homme habitué à franchir à pied ou à cheval les distances les plus longues, sans se lasser, sans être incommodé par les variations de l'athmosphère, et l'homme qui, toute la matinée, cloué à son bureau par le travail, ou enchaîné dans son lit par les veilles et la mollesse, va ensuite s'asseoir dans une voiture bien suspendue, pour s'asseoir encore dans un salon, et être enfin reporté de même presque jusqu'à son lit; qui, tout au plus, espère, de tems en tems, suppléer aux bienfaits de l'habitude par les fatigues extraordinaires d'un bal, d'une course ou d'une partie de chasse, et se plaint avec naïveté de ses insomnies, de ses digestions pénibles et de la frêle constitution de ses enfants!

Le choix des aliments et des boissons semble devoir être pour toutes les classes, et surtout pour la classe indigente qui ne peut le varier beaucoup, l'objet de la plus parfaite liberté. Souvent néanmoins les gouvernements ont pris des précautions sages pour éloigner des marchés les denrées que la saison ou d'autres circonstances rendaient insalubres. Le Physiologiste leur indiquera la nécessité de précautions encore plus étendues, et les faits la prouveront sans réplique. On ne peut douter que la Suède ne se dépeuple d'une manière effrayante; et les voyageurs attribuent ce fléau à l'habitude de boire de l'eau-de-vie avec excès, habitude générale et répandue jusque chez les enfants en bas âge (1). L'usage continuel de l'opium abrutit l'ame de l'habitant de Constinople et déforme son corps. Egarés par un breuvage extrait de l'opium et du chanvre, les nègres de l'Inde massacrent tout ce qu'ils rencontrent (2). Dans nos climats civilisés, on ne peut voir une vendange abondante, sans prédire à coup sûr un plus grand nombre de maladies occasionnées par l'ivresse, des délits plus multipliés dans l'intérieur des familles, et plus de crimes à punir par les ministres des lois. De tels désastres doivent, dans quelques cas, être prévenus par une prohibition absolue ; dans quelques autres, il faut du moins gêner assez la

―――――――――――――――

(1) *Voyage au nord de l'Europe par deux Français ;* tom. II, pag. 422 et 431—432.

(2) CABANIS, *Rapports du physique et du moral de l'homme ;* tom. II; pag. 162.

consommation intérieure, dès qu'elle dépasse la limite du besoin, pour forcer l'exportation d'une denrée dont la surabondance est dangereuse; dans tous, l'homme aurait besoin d'être contenu, et l'enfant d'être préservé, dès les premiers jours de son éducation, par les conseils du Physiologiste.

Il est dans la vie civile un point non moins important et non moins négligé: je veux parler de la distribution des heures consacrées au travail, aux amusements, aux repas et au sommeil. Chacun, à cet égard, veut et croit conserver sa liberté personnelle, et n'est toutefois que l'esclave soumis de l'usage. Si le gouvernement peut diriger cet usage vers le bien, pourquoi ne l'essayera-t-il pas? Or il le peut : les heures fixées pour les tribunaux, les bureaux et la bourse déterminent les heures de toutes les autres professions.

Pour rendre leur distribution la meilleure possible, la plus propre à concilier le développement des facultés intellectuelles et la conservation de la santé, c'est le Médecin que l'on doit consulter. Si celui-ci, sans parler d'économie et de morale, prouve qu'il n'est point avantageux aux hommes, et surtout aux hommes occupés, de faire du jour la nuit et de la nuit le jour, il suffit d'avancer de trois ou quatre heures l'entrée des bureaux pour opérer sur ce point une révolution. Qu'on ne dise pas que cette réforme est impossible. De nos jours encore, le parlement de Paris tenait des séances de *délibéré* à cinq heures du matin et des audiences publiques à sept. Il résultait de cette habitude qu'une classe nombreuse et respectable commençait plutôt que les autres la nuit et la journée, et certes n'en était ni moins saine ni moins laborieuse.

N

Une habitude semblable imposée à la fois, aux membres des tribunaux et des administrations, aux gens de loi et aux négociants, obligerait bientôt à avancer l'heure des spectacles, et, par la chaîne puissante de l'amusement et de l'usage, entraînerait les oisifs et les gens du bon ton. Il en résulterait sans doute que l'on dînerait beaucoup plutôt; peut-être même que l'on souperait avant une heure du matin; enfin que l'on se rapprocherait peu-à-peu des façons de vivre de ce dix-septième siècle que l'on n'a pas accusé de manquer de politesse et d'agréments, d'ignorer l'art délicat du plaisir, ni d'éloigner les étrangers de la France, ou de nuire au commerce national par la trop grande simplicité de ses mœurs.

Le Médecin ne verrait pas d'un œil indifférent ce changement salutaire. Un seul repas pris à six ou sept heures du soir, où le besoin force de se gorger d'aliments, après lequel on reste (au moins pendant trois saisons de l'année) enfermé dans un salon ou dans une salle de spectacle, est certainement moins salubre que la même quantité de nourriture distribuée en deux repas, à cinq ou six heures de distance.

D'ailleurs, après les dîners actuels, l'homme occupé ne peut reprendre ses travaux que bien tard, aux dépens du sommeil et de la digestion. On n'exigera pas cet effort de l'universalité des hommes, et surtout des employés qui encombrent nos bureaux. Voilà donc le travail du soir proscrit : un simple changement d'heures nous le ferait regagner.

Il ne faut pas croire que la durée du tems consacré au travail des bureaux opère, dans ce cas, une compensation suffisante. Aucun Physiologiste ne pensera qu'il y ait bien des hommes capables de soutenir tous les jours, pendant sept ou huit heures de suite, un travail qui exige de l'attention et de la réflexion; tandis que cinq heures le matin et quatre le soir, séparées par un intervalle raisonnable, n'épuiseraient jamais les forces, et pourraient toujours être profitablement occupées.

Le Politique appréciera ce raisonnement d'après l'expérience; en voyant croître sans cesse, avec le nombre des employés, le besoin d'en nommer de nouveaux, et la difficulté de tirer parti de leurs travaux et d'expédier les affaires.

Portant ses regards plus loin, il voit ce changement lui offrir bientôt la facilité de diminuer le nombre des spectacles dont l'effrayante multiplicité est un fléau pour le goût, pour l'économie publique et pour les mœurs. Il voit la classe inférieure, qui ne forme ses habitudes que par l'imitation des classes plus aisées, renoncer peu-à-peu à l'usage de perdre dans l'amusement la seconde moitié de la journée ; être rendue, par l'occupation, au goût des jouissances simples et des amusements peu coûteux ; retrouver par la diminution des dépenses et l'augmentation du travail, la possibilité de baisser le prix de la main-d'œuvre, et par conséquent d'accroître son bien-être réel..........

Je sortirais de mon sujet si je développais davantage des résultats que tout homme exercé appercevra sans peine. Il me suffit d'avoir, par la démonstration de leur importance, appelé l'attention du Physiologiste sur des questions en apparence minutieuses, et fait sentir à l'homme d'état quels avantages il peut retirer de l'application de la science aux moindres détails de la vie.

Ce n'est pas seulement par les heures et la durée de leurs représentations que les spectacles exercent une influence dont le Physiologiste doit tenir compte, mais encore par la nature des objets qu'ils offrent aux yeux et à la pensée. Et ici je désigne tous les spectacles sans exception, depuis le temple magique où la poésie, la musique, la pantomime et la danse luttent de force, de grâce et d'éclat pour émouvoir les sens et le cœur, jusqu'au cirque infect où la populace applaudit aux derniers efforts d'un taureau expirant, et s'égaye en voyant déchirer par des chiens, sous le nom ridicule de *peccata*, un animal innocent et laborieux.

Je ne répéterai pas ce qu'on a dit avec

tant de vérité des effets moraux du spectacle, et de la possibilité d'en faire l'école du vice plus aisément peut-être que l'école de la vertu. Je ne rappellerai même qu'en passant l'effet physique des émotions trop tendres et trop vives, et celui de ces danses *gnidiennes* qui commencent à pénétrer, du théâtre, dans nos salons : personne n'ignore combien souvent leur aspect, d'autant plus dangereux qu'elles sont exécutées avec plus de perfection et que la décence s'y unit mieux à la volupté, a précipité le progrès de la nature, et, par des desirs précoces, changé une adolescence innocente et robuste en une jeunesse débile et corrompue.

À ce danger souvent et inutilement signalé, il n'est point d'autre remède que de tenir la génération qui a quelque chose à perdre du côté des mœurs, constamment éloignée de ces représentations séduisantes auxquelles ne renoncera point une nation riche et passionnée pour toutes les jouissances du luxe.

Un effet pernicieux, aussi digne de notre attention et plus facile peut-être à prévenir, est celui que produisent journellement sur l'esprit du peuple, ces drames monstrueux où les démons et la magie sont présentés comme exerçant un pouvoir réel; où rien ne frappe les sens qui ne trouble en même tems l'imagination. L'impression physique de la frayeur est toujours un mal; elle nuit aux habitudes morales non moins qu'à la santé, et surtout, quand elle naît de sensations fallacieuses, propres à égarer la raison, à inspirer une crédulité pusillanime, à augmenter la somme des terreurs réelles ou factices auxquelles l'homme peu éclairé est en proie. On doit souvent assigner cette cause unique aux rêves effrayants, aux affections nerveuses déterminées d'une manière terrible par l'émotion la plus légère, et à ces délires où l'individu souffrant est assiégé de visions hideuses et de fantômes épouvantables.

Au-dessous encore de ces pernicieuses absurdités, se placent les spectacles cruels. Qu'un homme attaque une bête féroce, il exerce au moins son intrépidité et son adresse. Mais le spectateur qui, à l'abri du danger, jouit également des blessures de l'animal et de celles du chasseur, qui n'a de sentiments que l'impatience de voir couler le sang de l'un ou de l'autre, et le desir qu'une lutte qui l'amuse se prolonge long-tems incertaine et égale des deux parts; où est-il, si ce n'est à une école pratique de férocité tranquille et de cruauté sans courage? Il est un peuple dont les *combats de taureaux* sont célèbres dans toute l'Europe, qui s'y porte avec une avidité passionnée, et y a dicté des règles telles que le chasseur risque à chaque minute son honneur ou sa vie : c'est le même peuple pour qui les barbaries de l'inquisition forment un spectacle délicieux, et qui jadis s'amusait à faire périr, par milliers, dans les supplices les plus recherchés, les innocents indigènes des Antilles et du Pérou (1).

« Dans les émeutes populaires, les atrocités vont toujours en croissant, et bien au-delà du premier projet de ceux qui s'y livrent, jusqu'à ce que la lassitude ou plutôt l'impuissance physique y vienne mettre un terme. La vue du sang rend sanguinaire; son effusion produit une ivresse aussi réelle, aussi rapide, aussi

---

(1) Voyez le détail de ces horreurs dans la fameuse *relation de* BARTHÉLÉMI DE LAS CASAS.

progressive que l'ivresse des liqueurs spiritueuses. Proposez à l'homme qui vient de contempler un combat d'animaux et de s'y repaître de sensations féroces, proposez-lui d'assister à un combat de gladiateurs; il accepte, et applaudit le plus vivement aux blessures les plus profondes, et exige à grand cris la mort du vaincu. Proposez-lui ensuite d'égorger lui-même des victimes sans défense; il accepte; le sang qu'il a eu tant de plaisir à voir couler, il goûte le plaisir plus grand de le verser; il s'y baigne, il le boit, il vous épouvante enfin par tous les excès de cruauté dont se souille, dans ses vengeances, la classe de la société qui ne connaît d'autres spectacles que les exécutions, les boucheries et les combats d'animaux.

« Jusqu'à quel point les traitements « barbares exercés sur les animaux in-

« téressent-ils la morale publique ? — Et
« conviendrait-il de faire des lois à cet
« égard ? » (*Question proposée par
l'Institut national en l'an XI.*) (1).

« Quelle influence a, sur l'imagination
« et sur les mœurs du peuple, l'effusion
« du sang des animaux qu'il voit mas-
« sacrer tous les jours et particulière-
« ment dans les villes ?

« Si c'est un mal, quels sont les moyens
« d'y remédier ?

« Et comme il est naturel, en suivant
« les règles de l'analogie, d'appliquer
« les mêmes principes et les mêmes rai-
« sonnements aux supplices des crimi-

---

(1) On doit regretter que l'Institut n'ait, sur cet intéressant sujet, reçu aucun mémoire digne de réunir ses suffrages. Espérons que les membres de la Société d'émulation de Rouen nous dédommageront de ce silence.

« nels ; en abrogeant les supplices actuels, « au moins ceux où le sang est répandu, « quel serait le moyen le plus efficace « de venger la société outragée, etc. » (*Questions proposées par la Société libre d'émulation de Rouen à ses membres et à ses associés, etc., pluviose an XIII*).

Je transcris ces questions dignes de l'attention des penseurs, non-seulement parce qu'elles se rattachent au sujet que je traite (1), et que les sages qui les ont proposées ont sûrement bien apprécié l'effet des spectacles de barbarie, mais aussi parce qu'elles indiquent à la loi un nouveau point de l'existence in-

---

(1) Il suffit de rappeler ici la loi anglaise qui exclut les bouchers de la composition du jury criminel, et ce que je crois avoir établi (chap. III, pag. 41-44) relativement aux impressions que produisent les exécutions publiques.

térieure sur lequel doivent se diriger ses regards : la manière dont nous traitons les animaux destinés à nous servir d'aliments, à partager nos travaux, à multiplier nos jouissances.

D'après tout ce qui vient d'être dit, on sent aisément quelles idées physiologiques s'appliquent à la solution de ce problème et de tous ceux de la même nature. En général : les sens sont les portes de l'ame. Par leur action l'ame est instruite, émue, déterminée dans sa volonté présente, et imbue d'opinions, ployée à des habitudes, soumise à des penchants qui déterminent encore plus fortement sa volonté à venir. Ce qui frappe nos sens constitue notre éducation journalière. L'esprit le plus lumineux, la vertu la mieux confirmée, le caractère le plus inébranlable ne se dérobent point entièrement à l'influence de cette éducation : quelle sera-t-elle donc sur les hommes peu éclairés ! Et combien il importe de ne leur offrir que des objets qui les induisent au bien, ou qui, du moins, ne les dépravent pas !

Tel est ce pouvoir des sens, que le législateur doit quelquefois le redouter pour lui-même : car il est homme ; et après des exemples si nombreux et si variés de l'ascendant du moral sur le physique, il est en droit de se défier de toutes les circonstances qui modifient les déterminations des hommes. Il est en droit de demander si des causes étrangères, aveugles, matérielles ne dénaturent pas quelquefois ses conceptions qui ne devraient être le produit que de l'intelligence, de la réflexion, de la volonté éclairée du bien.

Rien n'est petit de tout ce qui influe directement sur les destinées des hommes. L'heure et la durée des séances d'une assemblée, les formes et même les couleurs du costume qu'elle adopte, la position du lieu où elle se réunit, n'ont-elles aucune action sur les pensées et sur les votes? Attend-on les mêmes résultats d'un conseil qui délibère dans la place publique, dans la campagne, ou renfermé dans une salle; debout ou à cheval comme quelques peuples anciens, ou assis dans un calme silencieux; en armes, ou sous un costume pesant qui prescrit l'immobilité; au grand jour ou dans la nuit; à jeun ou après un repas; sept ou huit heures de suite, ou une heure seulement; dans des séances quotidiennes, ou séparées par des intervalles de plusieurs jours. Toutes ces diverses situations produisent sur les hommes des impressions diverses qui font naître le zèle ou le dégoût, rendent distrait ou attentif, disposent à la légèreté, à la méditation, à la froideur, à l'enthousiasme, etc. La coupe d'une salle, le goût, le nombre, l'usage de ses ornements (1), la manière dont la voix des orateurs s'y perd ou y retentit, la chaleur qu'on y éprouve, le dégré de lumière qui y pénètre, tous ces accessoires dont les prêtres ont si bien connu l'importance magique dans la construction et la décoration de leurs temples, agissent imperceptiblement sur l'esprit de l'assemblée la plus ferme et la plus grave, et peuvent déterminer ou modifier la loi qui doit régir un empire. Le Sénat romain

---

(1) Lycurgue proscrivait toute espèce d'ornements dans les salles d'assemblées délibérantes. Il les regardait comme propres à partager et à égarer une attention due tout entière aux affaires publiques. (PLUTARQUE, *vie de Lycurgue*, paragraphe VII).—*Dalembert* insista un jour très-vivement et très-sérieusement pour que la table de l'académie des sciences fût ovale et non quarrée : « C'est dans les angles, disait-il, que « se forment toutes les cabales ».

rendait hommage à ce pouvoir et le dirigeait utilement, lorsqu'il variait le lieu de ses séances selon la nature des affaires, lorsque dans les dangers pressants, il délibérait revêtu de l'habit guerrier, et surtout lorsqu'il ne recevait les ambassadeurs des peuples ennemis que, hors de la ville, dans le temple de Bellone.

Ce pouvoir, je le sais, diminue et peut s'anéantir dans les cas d'une importance extrême où l'ame est trop vivement affectée pour laisser une grande prise à l'empire des choses physiques. Mais il agit habituellement, et mérite dès lors la plus sérieuse considération. C'est envain que, sans le secours de la Physiologie, on essayerait de l'apprécier : les observations en ce genre, tant qu'elles ne sont point raisonnées et sanctionnées par la science de l'homme physique, ne prouvent rien, parce qu'il suffit de la différence d'une seule circonstance pour en rendre l'application erronée.

Il serait encore à desirer que la science nous enseignât à bien connaître, dans ses causes et dans ses effets, cette influence singulière qu'exerce sur l'homme la présence des hommes ; influence qui se manifeste indépendamment des passions propres à la renforcer ; qui affaiblit dans celui qu'elle domine tout ce qui tient à la réflexion et à la volonté particulière pour le livrer à l'impulsion entière du premier mouvement ; qui porte à la fois à la timidité individuelle et à l'enthousiasme général ; qui enfin explique seule cette différence constante entre les résolutions, la façon de voir, le langage d'une assemblée, et la pensée de chacun de ses membres pris isolément. N'était-ce point pour se soustraire à l'action de ce dangereux mobile, bien plus que pour résister à l'éloquence des orateurs d'Athènes, que l'Aréopage siégeait dans les ténèbres? On peut le croire : et il est à propos de rappeler cet exemple à ceux qui trouveront trop minutieux les détails où je suis entré. Les anciens qui, par la philosophie, avaient quelquefois rendu les affections morales indépendantes des plus puissantes affections physiques, apportaient en même tems une attention extrême aux habitudes, aux sensations par lesquelles le physique pouvait influer désavantageusement sur le moral. En négligeant un tel soin, comme absurde ou superflu, les modernes ne se privent-ils pas des applications les plus profitables de leurs vastes connaissances? C'est ce que soupçonneront ceux qui, de nos jours, ont porté un œil observateur au sein des assemblées délibérantes.

Si l'influence de la présence des hommes est si reconnaissable au sein d'une assemblée, composée de membres égaux entr'eux, appelés tous à concourir au même but, combien ne sera-t-elle pas puissante, combien n'importe-t-il pas d'apprécier ses véritables effets, quand l'être sur qui elle agit est, dans l'attitude du malheur et sous le joug d'une prévention défavorable, aux pieds d'hommes chargés par la loi de décider de son honneur et de sa vie ? Des jurisconsultes ont indiqué le trouble d'un accusé comme la plus forte présomption de son crime; cette règle a été adoptée dans la pratique par bien des juges : et un préjugé presque général la confirme. Mais indépendamment de la crainte d'une erreur à l'abri de laquelle n'est aucun tribunal, indépendamment de l'agitation que porte dans l'ame une position toujours douloureuse, un homme traduit en public pour la première fois de sa vie, et qui peut-être se sentirait intimidé s'il fallait y prononcer comme juge (1), sera-t-il calme, impassible, quand il doit y répondre comme accusé? Alors que tout autour de lui tend à lui inspirer l'inquiétude et l'effroi, que nulle voix consolante ne l'invite à se rassurer, qu'il ne peut se confier qu'au sentiment de l'innocence, de l'innocence si souvent méconnue parmi les hommes! Est-

---

(1) SHAFTESBURY (auteur des *Characteristicks*) parlant un jour, dans la chambre des pairs, en faveur d'un bill qui tendait à donner un conseil aux accusés de haute-trahison, se troubla au point d'être quelque tems sans pouvoir continuer son discours. « Mylords, dit-il ensuite, « si moi qui ne suis point accusé et qui plaide « pour des intérêts qui ne sont pas les miens, « je n'ai pu me défendre d'un sentiment de « trouble et de frayeur en parlant devant mes « pairs, que ne peut-il pas arriver à des hommes « qui parlent devant leurs juges pour défendre « leur honneur et leur vie? » (SUARD, *variétés littéraires*, in-8°. an XII, tom. IV, pag. 421.)

il surprenant que sa voix s'altère, qu'il bégaye, qu'il pâlisse, qu'il tremble, qu'il regarde sans voir, qu'il entende sans comprendre, que, dans le désordre de ses discours, se fasse sentir l'absence de raison, de mémoire, d'idées ? Non, sans doute. Et c'est au Philosophe qui étudie l'homme dans l'homme même, c'est au Physiologiste qui regrette de ne pouvoir dissiper ce trouble funeste, à retenir du moins notre précipitation injuste, à nous montrer dans cette timidité qui enchaîne subitement les forces morales et physiques, un effet inévitable de la présence des hommes, effet auquel l'homme le plus ferme ne peut se soustraire que par l'habitude, ou en maîtrisant, à un point extraordinaire, les mouvements de son imagination.

CHAPITRE VII.

On peut attribuer presque entièrement à l'empire de l'imagination sur les facultés du corps et de l'esprit, l'ascendant que prend sur nous la présence de nos semblables. C'est cet empire qui, selon le sens dans lequel il s'exerce, offre à l'homme d'état des obstacles redoutables ou des ressources toutes-puissantes. Nous voici donc conduits à examiner le rapport, le plus vaste de tous peut-être, sous lequel il importe de mettre à profit, dans la Politique, le progrès toujours croissant des sciences naturelles.

Qui ne connaît le pouvoir de l'imagination et sur les individus, et sur les hommes réunis, et combien rarement le raisonnement suffit pour la combattre? Tantôt elle exagère le danger, et le rend irrémédiable ; tantôt elle le place où il n'est pas, et en confondant toutes les idées, elle affaiblit toutes les ressources; ou même elle le crée; elle enfante ces maladies morales, qui affectent surtout la classe peu éclairée (la plus nombreuse chez toutes les Nations), et la livrent sans défense aux hommes avides qui la trompent, et aux hommes cruels qui la conduisent au crime.

Quelquefois, au contraire, avec autant de facilité qu'elle accroît les souffrances lorsque l'effroi l'a saisie, l'imagination les fait évanouir lorsqu'elle est exaltée ou égarée par un autre sentiment, ou par une autre sensation prédominante. Un homme que transporte la colère ou que l'ardeur d'un combat enflamme, ne sent point les blessures qu'il reçoit. Un fou, un homme ivre ne paroissent point souffrir, dans certaines situations, comme un homme qui jouit de son bon sens. En méditant sur ces variations de l'existence humaine, le Physiologiste peut espérer de découvrir le secret de diminuer, d'anéantir même une douleur réelle, par le seul secours de l'imagination.

Mais quoique la science n'ait point fait encore ce pas important, on peut et l'on doit réclamer ses soins tutélaires dans toutes les conjonctures où les erreurs qui tourmentent les individus ne peuvent que réagir nuisiblement sur la société entière.

Personne du moins n'hésite à y recourir lorsqu'un danger pressant et la terreur qu'il imprime ne peuvent être conjurés que par les secours de la Médecine et la confiance due au Médecin. Les hommes les moins instruits savent que l'abattement, la tristesse, la frayeur, en affaiblissant tout le système organique, rendent plus susceptible de contracter des maladies, et d'y succomber; et l'on a vu la crainte d'une épidémie, l'effroi causé par un accident, engendrer seuls des maux aussi graves que ceux dont on redoutait l'atteinte. Une observation approfondie recule bien plus loin les limites du pouvoir de la pensée sur les désordres du corps. Des Médecins érudits ont même avancé que quelques maladies très-redoutées n'existent que dans l'imagination. Sans adopter cette opinion qu'il serait consolant de voir confirmer par les faits; sans retracer et les crises étranges que produisaient, chez les êtres d'une complexion faible et d'un esprit crédule, les jongleries du *Magnétisme animal*, et les succès bizarres qu'a obtenus dans le nord le *Perkinisme* (1)

―――――――――

(1) Le *Perkinisme*, ainsi nommé du Docteur Perkin, est un moyen curatif qui consiste à promener jusqu'à cent fois, sur la partie affectée de douleur ou de maladie, deux aiguilles ou

qui n'est probablement qu'une manière non moins incertaine de faire réagir l'imagination sur l'économie animale; je rappellerai combien il est probable que l'attention avec laquelle des personnes pusillanimes s'occupent, dans tous les instans, de leur santé, rend en partie réel le malaise dont elles ne cessent de se plaindre; de combien de maladies l'imagination complique les symptômes, au point de dénaturer leur caractère primitif, et d'en causer seule tout le danger; de combien d'autres, les soucis et les délires qu'elle enfante deviennent la première cause; j'avancerai enfin qu'il n'en est aucune que n'ag-

---

demi=cylindres métalliques. L'enthousiasme en a beaucoup exagéré les succès. Les effets qu'il a réellement produits semblent tenir quelquefois au pouvoir des frictions sèches; plus souvent à l'action d'une imagination vivement affectée. (Voyez ALIBERT, *nouveaux élémens de Thérapeutique*; pag. 371—376).

grave plus ou moins une imagination frappée, que n'allège une imagination rassurée ou distraite.

C'est ce que savent tous les Médecins: et on les voit non-seulement employer les consolations les plus douces pour dissiper des alarmes pernicieuses, mais encore scruter quelle part a, dans les souffrances, dans les dangers du malade, son imagination effrayée; et, à l'exemple de Boërrhave (1), chercher

---

(1) Boërrhave fit cesser des convulsions devenues épidémiques dans un hôpital, en assurant qu'elles ne pouvaient être guéries que par le feu, et en présentant aux malades l'appareil effrayant de plusieurs fers rouges. On sait que Tronchin donna souvent à des hommes fatigués par les remèdes, et qui avoient besoin de régime et de calme, des pillules dont les effets étaient miraculeux. L'imagination se rassurait, et la santé renaissait. Ces pillules merveilleuses étaient faites

les moyens d'agir directement sur cette imagination, et de profiter de sa mobilité pour en obtenir autant de biens qu'on a dû en redouter de maux.

Aussi n'ai-je insisté sur ce sujet que pour faire sentir au Politique comment on peut appliquer cet heureux se-

---

de mie de pain. — « Hirzel guérit un jour un « reste de fièvre qui avait résisté à tous les « traitements, en retardant toutes les montres « qui se trouvaient à la portée du malade, pour « lui faire passer, sans qu'il le sçût, l'heure où « l'accès devait le prendre ». (Voyez *Schweitzerische Minerva*, extrait dans la *gazette littéraire*, *pag*. 17 à la suite du IVme. numéro des *archives littéraires de l'Europe* publiées par SUARD, an XII). On peut ajouter ici une autre observation du même Médecin. Il accompagnait Mesmer dans un hôpital. Tous les malades *magnétisés* eurent des convulsions, excepté les fous dont l'imagination ne pouvait être frappée et mise en jeu par l'idée du magnétisme. (*Ibid*.).

cret à des conjonctures plus vastes et à de plus grandes masses d'hommes. Avec quelle douce satisfaction, au lieu de vues à indiquer et de regrets à exprimer, je n'ai ici qu'à proposer à l'admiration et à l'imitation des hommes, deux exemples tirés des annales de ma Patrie!

Les périls ne nous affectent que par la prise que laisse à l'imagination ce qu'il y a de vague dans leur idée : remplissez ce vide ; offrez-y un point d'appui à la pensée ; le péril a perdu toute son horreur.

Le soldat qui marche à l'ennemi voit devant lui, sous tous les aspects, la douleur et la mort. La mort soudaine l'épouvante peu : mais des souffrances aiguës prolongées pendant plusieurs heures, pendant un jour quelquefois, jusqu'à ce que l'issue du combat permette de s'occuper de ses victimes; les douleurs du transport redoublant celles des blessures; l'attente pénible d'une opération toujours cruelle, cette opération qu'une longue attente a pu rendre trop tardive, enfin la mort peut-être au bout de ce terrible enchaînement de supplices, voilà la perspective que l'homme le plus courageux n'envisage pas de sang froid, et qui assiégeait l'imagination de nos guerriers. Honneur à la Chirurgie Française (1) qui a placé dans les rangs de nos braves, des hommes plus braves encore, s'il est permis de le dire. On les a vus, au milieu de l'horreur de la mêlée, exercer leurs fonctions secourables avec non moins d'application et de zèle que

---

(1) Les *ambulances volantes* ont été organisées par M. Larrey à l'armée de Custine, et aux armées d'Italie et d'Égypte, et par M. Percy à l'armée de Sambre et Meuse.

dans les hôpitaux d'une cité paisible, tenter avec autant de courage, exécuter avec autant de succès, les opérations les plus difficiles (1). On les a vu tomber sous la faulx de la mort à l'instant même où ils lui ravissaient des victimes....... Le soldat les contemple : assuré par leur présence que l'instant de la blessure sera celui du secours, il sourit au péril; il va le chercher avec confiance dans les rangs les plus épais de l'ennemi...... La question de l'utilité des opérations et des pansemens sur le champ de bataille a pu être discutée médicalement : politiquement elle est décidée.

Si la nature du danger permet quel-

---

(1) Je n'en citerai qu'une exemple : l'amputation du bras à l'article que M. LARREY fit, sur le champ de bataille, au général *Fugières* pendant le combat d'Aboukir. (Voyez *Relation chirurgicale de l'armée d'Orient* par LARREY; in-8°., pag. 307—309).

quefois d'enhardir l'imagination par l'assurance du secours, quelquefois aussi l'excès de la frayeur générale, l'incertitude ou la lenteur des moyens de l'art prescrivent de tromper momentanément les hommes pour leur rendre ou leur conserver l'espoir qu'ils perdraient avec leur erreur. C'est ainsi qu'au milieu d'une armée exposée aux ravages de la peste et convaincue que les efforts des Médecins ne pourraient l'en sauver, un chef qui voulut joindre à l'art de conduire nos guerrriers à la victoire le secret bien moins commun de dominer eurs ames et leurs pensées, nia hautement l'existence de l'épidémie (1), se promena au milieu des victimes sur qui elle avoit déjà imprimé son sceau épouvan- épouvantable; et pour prouver que leur

---

(1) « Magnanima mensogna! Or quando é il vero
« Si bello che si possa a te preporre ?
(Gérusalemme liberata, cant. II, stan. XXII).

mal n'avait rien de contagieux, les toucha tranquillement à plusieurs reprises ; aux yeux des soldats admirants qui cessèrent à-la-fois de redouter la maladie, et de lui offrir une proie facile ; aux yeux des hommes instruits qui frémissaient dans la crainte de voir l'homme sur qui reposait l'espoir de l'armée entière, succomber à cet effort généreux, inouï......, mais téméraire et coupable même s'il n'eût été indispensable.

C'est quand on trompe ainsi les hommes, quand on n'égare un moment leur imagination que pour les sauver, quand on accepte pour soi-même tous les périls dont on veut leur ôter la crainte, que l'on a droit à leur reconnaissance immortelle !

Certes ! ce ne sont point ces exemples sublimes que peuvent alléguer les perfides qui prétendent qu'il faut tromper le genre humain. Leurs moyens et leur but sont bien différens ; et, à la honte de notre raison, leur puissance est plus grande, leur succès plus infaillible. Par je ne sais quelle fatalité attachée à l'état social, l'homme s'enthousiasme plus facilement pour ce qui nuit que pour ce qui sert, pour le mensonge que pour la vérité, pour le crime que pour la vertu. Il est du devoir du Physiologiste de dénoncer au Politique l'étendue et l'abus trop facile et trop peu redouté du pouvoir qu'exerce sur les organes une imagination fanatisée : pouvoir qui va jusqu'à rendre le corps insensible à la douleur, en même tems que l'ame inaccessible aux remords. Sans parler de ces austérités monstrueuses auxquelles se dévouent les Fakirs de l'Inde, et qui du moins ne rendent malheureux que des individus isolés ; faut-il rappeler l'histoire de tous les enthousiastes que l'impulsion d'un

Iman ou d'un Moine a rendus les artisans du meurtre, et retracer le calme imposant avec lequel ils ont enduré la peine de leurs forfaits ? Un souvenir récent ne représente-t-il pas à notre mémoire l'assassin de Kléber ; ce jeune furieux qui a porté à son supplice un fanatisme aussi imperturbable que dans son crime, et a péri sans que des tortures prolongées pussent lui arracher une plainte (1) ? Tant est grand l'empire de l'imagination sur la sensibilité physique ! Tant on doit craindre les hommes qui manient au gré de leurs passions ce terrible ressort !

Hommes d'autant plus redoutables que, pour doubler l'énergie de ce ressort, ils savent joindre aux séductions morales, des moyens physiques qui, portant le trouble dans les organes, préparent l'ame déjà ébranlée à toutes les ter-

---

(1) *Relation chirurgicale de l'armée d'Orient*, pag. 249.

reurs, à tous les transports du fanatisme. La *Phantasmagorie* ne forme aujourd'hui pour nous qu'une récréation agréable : mise en œuvre jadis au fond des sanctuaires des temples, et secondée par les vapeurs enivrantes des aromates et les prestiges de la musique, la Phantasmagorie montrait aux yeux des initiés, et rendait, pour ainsi dire, présents à tous leurs sens les redoutables objets de leur croyance. Quel degré de foi, quelle preuve d'obéissance pouvait ensuite refuser l'homme tremblant qui venait de voir les dieux, de les entendre, de recevoir de leur bouche sacrée leurs commandements solennels ? A une époque moins reculée, le *Vieux de la montagne*, dont l'histoire a été mêlée de tant de fables, s'entoura d'une troupe de fanatiques, prêts à tout oser à son moindre signal. Leur dévouement sans bornes ne lui coûtait, dit-on, que le soin de les endormir par une boisson narcotique, puis de les faire transporter dans des jardins voluptueux, où, à leur réveil, tous les plaisirs réunis leur faisaient croire pendant quelques heures qu'ils goûtaient les plaisirs du ciel. On peut douter de l'exactitude de ce récit. Sans parler des indiscrétions qui eussent souvent compromis le secret de ce paradis factice; il est sûr que les jouissances physiques, avec quelqu'adresse qu'on les varie et qu'on les enchaîne, ont des intervalles trop marqués, des contrastes trop sensibles de vide et de réalité, pour laisser naître ou subsister une pareille illusion. Il me semble plus probable que le breuvage préparatoire suffisait pour produire, au sein d'un profond sommeil, et ces sensations si vives et si douces, et la durée magique qui en doublait le prix (1). Interrogez un homme qui vient

---

(1) « A vrai dire, ils estimaient que ce fût « un songe ». C'est ainsi que *Pasquier* s'exprime, après avoir rapproché tout ce qu'ont dit des *Assassins* les auteurs contemporains. (*Les recherches de la France*; infolio. Paris 1633, pag. 715. A).

d'assoupir des douleurs aiguës par une forte dose d'opium : la peinture des illusions enchanteresses qu'il ne cessera d'éprouver dans l'état d'assoupissement et d'extase où il peut rester plongé vingt-quatre heures et plus, sera exactement celle des voluptés surnaturelles dont le chef des *Assassins* comblait ses futurs *Séides*. On sait avec quelle fureur les Orientaux habitués à prendre de l'opium, se livrent à ce goût, malgré les infirmités

---

A l'appui de mon opinion, un Médecin dont le nom seul fait l'éloge, M. Bacher m'a communiqué l'expérience suivante, dont ses occupations ne lui ont pas permis de m'indiquer positivement l'auteur, mais qu'il croit appartenir à Gassendi. On oignit sur tout le corps des paysans crédules, avec une pommade dans la composition de laquelle entrait de l'opium, et on leur persuada que le but de cette opération était de les transporter au *Sabat*. Après un long sommeil, ils se réveillèrent convaincus que l'onction magique avait produit son effet, et racontèrent en détail ce qu'ils avaient vu au *Sabat*, et tous les plaisirs qu'ils y avaient goûtés,

toujours croissantes qu'il accumule sur leur hideuse existence. Cette fureur peut donner une idée des plaisirs dont leur ivresse s'accompagne, et rend concevable l'emportement du desir qui entraînait une jeunesse ignorante et superstitieuse à tout entreprendre pour reconquérir et posséder pendant l'éternité entière ces ineffables délices.

Que de honteuses erreurs, que de crimes détestables épargnés à l'humanité, si, au milieu des enthousiastes du paganisme et des victimes du *Vieux de la montagne*, un sage eût fait entendre sa voix ; s'il eût dit aux uns : Cette *Théophanie* mystérieuse, qui vous pénètre de crainte et vous subjugue par le respect, ce n'est qu'un phénomène d'optique, un jeu presque puéril, qui, pour vous émouvoir et arriver à votre ame par vos sens, a besoin d'unir au silence des ténèbres, le pouvoir secret des parfums et de la mélodie ; aux autres : Ces plaisirs célestes dont l'attrait vous induit à une obéissance aveugle, le suc de quelques pavots les a fait naître ; et quand cet effet sera plus connu, ils deviendront une jouissance habituelle, achetée, non plus au prix du crime, mais par un dépérissement journalier des organes et de la raison de vos insensés imitateurs !

Dans nos contrées, un climat et des tempéraments moins ardents, des mœurs plus douces, et aussi les lumières plus généralement répandues, nous permettent de ne connaître qu'en récit ces égarements de la crédulité : nous ne devons pourtant pas fermer absolument les yeux sur la possibilité, qu'ont trop bien prouvée les faits, de tromper et d'asservir l'ignorance, soit en l'entraînant par des suggestions fallacieuses, soit en l'étonnant par de prétendus prodiges.

Soit déçu qui veut l'être! (*Qui vult decipi decipiatur!*) Maxime odieuse, que proscrit la vraie politique, non moins que la saine morale. Il n'est point de mensonges sans conséquence ; tous s'enchaînent, tous se livrent mutuellement leurs victimes ; l'homme crédule, une fois abusé, est dans le sentier des erreurs les plus pernicieuses. D'ailleurs, la classe qui a le moins de lumières, n'a-t-elle pas droit de regarder les classes plus éclairées comme les dépositaires naturelles de sa sûreté et de son bonheur, comme responsables de toutes les fautes que lui font commettre l'erreur et l'ignorance? Il importe donc à la société entière, il importe aux gouvernements de jeter un regard sévère sur ces honteuses maladies de l'ame, qu'une imagination égarée enfante d'elle-même, ou à l'instigation des imposteurs de toutes les sortes, et qui se propagent et s'accroissent de génération en génération ; ces contes héréditaires de revenants et de prodiges, cette distinction traditionnelle de jours heureux et malheureux, cette crainte inquiète des ensorcellements, cette foi implicite aux sortilèges, cette tendance permanente à rapporter tous ses maux à des puissances surnaturelles. Communément on méprise trop ces erreurs pour daigner les combattre : et cependant si, dans notre espèce, il faut compter les individus et non les apprécier, leur histoire est celle de l'esprit humain.

Supposera-t-on qu'au moins dans notre patrie, le nombre des êtres qu'elles subjuguent soit tellement diminué qu'il ne mérite aucune attention ? Rien n'est moins exact. Les hommes sans éducation, et surtout les utiles habitants des campagnes sont trop souvent encore le jouet de leur credulité : soit qu'elle ait survécu aux opinions religieuses (1), soit qu'elle emprunte sa principale force de ces opinions ou du respect que l'on porte à leurs ministres (2).

Et dans nos villes, dans les salons même de la capitale, on compte assez de personnes qui ont visité plus d'une fois, et non sans quelque confiance, les devins et les tireuses de cartes. Que d'affections mélancoliques tirent leur origine de la croyance involontairement

---

(1) J'ai rencontré, il y dix ans, un paysan Picard qui traitait la religion de fable, et en même tems me vantait un sortilège au moyen duquel on peut se faire amener, par le diable, la femme que l'on desire posséder. J'apperçus même que s'il n'usait pas de cet infaillible secret, c'est qu'il craignait de réussir, et de voir de trop près l'étrange messager qui devait lui servir de mercure.

(2) Dans une ville située à vingt-six lieues de Paris, on a jugé, il y a quatre ans, un procès de sortilège. Le prétendu sorcier était un ancien prêtre qui s'est vanté hardiment de son pouvoir devant ses juges. Il faisait profession de léver,

accordée à ces imposteurs ! et combien souvent le danger d'un malade a-t-il été rendu sans remède, et la convalescence d'une femme en couche changée en maladie mortelle, par le souvenir de quelqu'une de leurs prédictions, et la réaction terrible d'une imagination crédule, et vivement frappée !

Suffira-t-il au Gouvernement de réprimer par des punitions les fourbes ou les insensés qui égarent la crédulité populaire ? Non, sans doute : car tantôt les artisans du mensonge seront révérés comme des martyrs ; tantôt ils braveront la loi, impuissante devant le crédit et la confiance qui les environnent : jamais

---

moyennant salaire, les *sorts* jetés sur les hommes et sur les animaux ; et, ce qui est plus coupable, il nommait les personnes qui avaient, disait-il, jeté ces sorts ; il en est résulté plus d'une querelle sanglante. Le tribunal n'a osé cependant le condamner à une peine plus sévère que trois mois de prison, après lesquels il est sorti aux acclamations de la populace qu'il abuse.

l'autorité et la force ne seront des moyens de persuasion. Le Czar Pierre I, connaissant le mal que font les prophètes répandus dans la Sibérie, ordonna que que tout homme qui prédirait, ou citerait une prédiction sans en pouvoir nommer l'auteur, serait mis en prison jusqu'à l'événement, et châtié si la prophétie ne se réalisait pas (1). Cette loi a eu plus d'une application, et ne paraît point avoir diminué la superstition qu'elle devait détruire.

C'est qu'en effet, il n'est possible de réprimer les charlatans qu'après avoir éclairé leurs dupes.

A qui devra-t-on un si grand bienfait ? A ceux qui possèdent exclusivement la confiance des hommes sur les choses qu'ils ne peuvent comprendre; aux prêtres et aux médecins.

Mais les prêtres, sur ce point, ont peu d'avantage, puisqu'eux-mêmes pré-

---

(1) *Voyage de* Gmélin *en Sibérie; in-12,* tom. II, *pag.* 222.

sentent à notre croyance des merveilles et des choses incompréhensibles. En vain établissent-ils la distinction des vrais et des faux miracles : le peuple ne la saisit pas ; elle le conduira tout au plus à attribuer à des génies malfaisants les prodiges que désavouerait la divinité ; et son effroi nous rendra ces bûchers qui, il y a moins d'un siècle, s'élevaient encore en Europe pour consumer les magiciens et les sorciers.

Le médecin, au contraire, appelé pour nous rassurer contre l'effroi des maux réels, non moins que pour les soulager, peut et doit dissiper les terreurs qu'enfantent des maux imaginaires. Il sera cru, alors qu'unissant à des raisonnements lumineux toutes les ressources de son art bienfaisant, il ne rapportera jamais ses succès qu'à la nature ; il sera cru, aujourd'hui surtout que ces dangereuses visions osent rarement établir leur réalité sur les croyances religieuses, et que l'impuissance de l'art, ou la difficulté d'appeler à tems ses véritables ministres livrent le plus souvent l'infortuné aux sorciers et aux charlatans.

Mais il faut surtout, pour atteindre ce but désirable, que le médecin sache se proportionner à la faiblesse de ceux qu'il secourt; qu'il entende sans sourire des plaintes ridicules; qu'il discute sérieusement des idées absurdes; qu'il paraisse même d'abord se prêter à des croyances folles, admettre des symptômes impossibles, pour avoir droit ensuite de redresser les notions erronées, de faire évanouir les prodiges, de ramener peu à peu les faits à leur simplicité, l'esprit au bon sens, et l'ame à la tranquillité.

Un philosophe, le plus profond peut-être des modernes dans la véritable connaissance de l'homme, Montaigne (*Essais livre* I, *chap.* 20.) a donné un exemple de la meilleure manière de combattre l'une des plus puériles maladies de l'imagination, et en même tems l'une des plus énergiques. Un malheureux se plaint qu'un nœud mystérieusement fait à une aiguillette lui ravit la vigueur : que d'hommes, se croyant bien sensés, lui riront au nez, ou lui démontreront gravement que la chose est impossible, et de cette manière laisseront subsister le *charme* dans toute sa force. Montaigne commença par feindre d'y croire, et finit par le guérir.

Il s'aida aussi d'une légère dose de liqueur spiritueuse ; et ce moyen n'est peut-être pas à négliger, lorsqu'il s'agit de combattre une crainte ou une tristesse fantastique. Le physiologiste, d'après les règles de son art, et d'après l'expérience, déterminera les cas où les fortifiants, les toniques, et même l'opium et les boissons enivrantes peuvent faire diversion à l'activité désastreuse d'un esprit malade, et il laissera le métaphysicien gémir de cette nécessité de troubler d'abord la raison de l'homme pour le soustraire aux délires de son imagination.

Quand on a réussi, il est tems de raisonner. Le médecin, fort de la confiance que lui concilie un succès, a droit alors d'opposer la vérité à l'erreur, parce qu'il le peut faire avec fruit. Il le doit même, il doit démasquer le charlatanisme jusque dans les moindres détails. C'est un soin, il faut l'avouer, trop souvent négligé des hommes instruits. Ils ignorent sans doute que tel opérateur qui, dans la capitale, se vante d'avoir soumis ses expériences à l'examen des plus savants médecins, dans une ville éloignée, insinue qu'il possède des secrets qu'ils n'ont point, l'annonce fièrement dans un bourg, et dans les campagnes, attribue à ses drogues une puissance occulte, surnaturelle, dont nul effort de la science ne peut approcher.

Le charlatan confondu aux yeux de eux qu'il abusait, doit encore être dénoncé devant la loi (1) : celle-ci alors pourra envoyer dans les hospices ouverts à la folie l'infortuné qui, de bonne foi, se croit sorcier, et frapper des peines promises aux faussaires l'homme qui,

---

(1) Il faut le dire, parce que c'est rendre hommage aux institutions les meilleures que d'indiquer leurs légères et réparables imperfections. Les abus nombreux qui se commettent dans l'exercice de la médecine échapperont souvent à la sévérité de la loi, quand les seuls hommes qui doivent les lui dénoncer, les chefs des écoles de Médecine et de Pharmacie auront peu d'intérêt à le faire. Placés au-dessus de la crainte de voir diminuer leur *pratique* ou déserter leur *officine* en tolérant les charlatans et les praticiens incapables, ils comptent encore dans leur revenu les frais des *réceptions* : les dénonciations seront donc, à coup sûr, nulles ou très-rares ; et les *réceptions*, peut-être, trop faciles et trop multipliées.

sciemment, propage ces erreurs corruptrices, surtout s'il s'est étayé des croyances religieuses ou de toute autre institution approuvée du gouvernement et respectée du peuple. Qu'au même moment l'erreur et ses suppôts soient livrés à la dérision publique sur les théâtres, dans les feuilles périodiques, dans des pamphlets, des chansons, des contes, des almanachs mis à la portée des êtres qu'ils doivent éclairer. Quand le peuple rira des sorciers, il n'y croira plus.

Ces moyens sans doute ne suffisent plus, ou cessent d'être directement applicables, soit dans les cas où l'imagination est exaltée par un danger réel sur la cause duquel elle s'abuse, soit dans ceux où la crainte atteignant un plus grand nombre d'hommes, l'erreur devient presque universelle ; et se propageant sans cesse et s'aggravant elle-même, accroît le mal physique, et enfante des désordres moraux sans nombre.

Que dans un esprit foible la mélancolie se change en lycanthropie; aussitôt un insensé devient l'effroi de toute une peuplade. Si des vapeurs hystériques s'annoncent par des symptômes violents, elles se transforment en inspirations de l'esprit malin; et si plusieurs sujets en sont attaqués à la fois, on y voit avec terreur le produit d'un art magique. Une épidémie peu connue se développe, et d'abord résiste aux remèdes; ce n'est plus une maladie semblable à tant d'autres qui moissonnent sans cesse notre race mortelle, c'est une vengeance du ciel ou une conspiration de l'enfer contre la déplorable humanité. Par tout, l'homme frappé de maux qui sortent de la classe ordinaire se figure volontiers qu'ils dérivent d'une cause surnaturelle, et les moyens qu'il emploie alors pour les combattre sont les plus propres à les aigrir. C'est donc peu de guérir instantanément le mal physique, si l'on ne guérit aussi l'imagination, qui souvent est la seule partie vraiment malade.

Dans ces conjonctures humiliantes pour l'humanité, l'homme d'état et le médecin qu'il appelle à son secours doivent se souvenir que les vampires ne tuèrent plus, ne rendirent plus malade, dès que le peuple fut persuadé qu'il n'existait point de vampires.

C'est qu'en effet l'imagination rassurée, distraite, égayée, offre souvent l'unique remède aux maux que causent ses terreurs. Les anciens ne l'ignoraient pas. Si le moyen dont se servirent les Lydiens pour supporter une longue famine (1) a quelque chose de fabuleux; si la manière dont Appollonius de Thyanes

---

(1) HÉRODOTE, *Clio.* XCIII.

fit cesser la peste d'Ephèse, appartient, malgré son succès, à un charlatanisme qui n'est jamais sans quelque risque (1); on ne peut en dire autant de ces fêtes, de ces représentations scéniques qu'ordonnait le sénat Romain dans les cas trop fréquents de maladies épidémiques. Le but de ces cérémonies religieuses était d'arracher le peuple à la pensée du péril, de lui offrir à-la-fois la distraction et l'espérance. Rarement le remède manqua son effet ; et cette manière d'appaiser les dieux n'entraînait aucun danger dans un pays où la religion, purement politique, réglait ses dogmes et ses rites d'après les lois émanées du peuple et les ordonnances des magistrats.

Le même moyen, parmi nous, au-

---

(1) PHILOSTRATE, *vie d'Apollonius*, lib. IV, c. 10, *pag.* 147, *édit. Oléarii.*

rait plus d'inconvénients et moins d'efficacité. Son effet serait douteux dans un tems où, chez le vulgaire même, l'imagination a perdu de son ressort en ce genre, où la déshabitude de voir des miracles religieux a entraîné la déshabitude d'en espérer. Bien contraire d'ailleurs à l'esprit de confiance qui créa les fêtes brillantes et gaies des anciens peuples, l'esprit des religions modernes imprime à leurs fêtes un caractère profondément mélancolique; n'y prescrit que repentir, crainte et résignation; n'y parle que de contrition et de larmes, de la nécessité d'expier, en souffrant beaucoup ici bas, des fautes que l'on expierait après la mort par des souffrances infinies; en un mot, il les entoure de tout ce qui est propre à rendre plus sombres des imaginations déjà assombries par le sentiment des maux présents et à venir. Enfin, si ce moyen obtenait seulement une probabilité de succès, ne serait-il point à craindre que le Prêtre, déjà indépendant de l'autorité civile pour tout ce qui n'est point acte personnel, ne trouvât trop de facilité à s'en affranchir tout-à-fait, à la subjuguer même, en soulevant contre elle la foule reconnaissante du miracle opéré par lui seul?

Ainsi, de nos jours, la tâche de rasseréner des ames que tourmente un effroi meurtrier appartient tout entière au Médecin; et l'homme d'état qui la lui confie, ne peut guère mettre à sa disposition ces grands moyens d'agir sur l'imagination de tout un peuple, si puissants dans un autre âge. Il faut donc que le Médecin traite isolément chacun de ceux qu'il vient secourir, comme un insensé aussi bien que comme un malade; qu'il combatte le trouble des esprits en même tems qu'il cherche à soulager l'indisposition des corps. Je dis plus : il étendra ses soins et sur les malades déjà guéris, et sur les hommes sains qu'il importe de préserver de la contagion morale non moins que de la contagion physique : il combinera, pour atteindre ce but, et toutes les ressources de l'art, et toutes celles que lui peuvent offrir les opinions communes, les occupations habituelles des hommes, et même l'influence des fêtes publiques et des théâtres. En un mot, il méditera sans cesse cette question : Quels sont les remèdes, le régime, les distractions, les consolations que l'on peut employer efficacement afin de dissiper une frayeur nuisible, et de ramener dans les ames la raison et la paix ?

Voilà ce qu'il doit faire, et pour arracher à la mort de nombreuses victimes, et pour prévenir la naissance ou la propagation d'erreurs qui, toujours avilissantes, sont rarement sans danger. Car rarement le vulgaire s'est cru en butte aux traits d'un pouvoir occulte, sans chercher et sans trouver des victimes qu'il pût accuser de ses maux et sacrifier à ses vengeances. On peut citer cette cause unique comme celle des croyances les plus extravagantes, des fureurs les plus aveugles, des excès les plus atroces.

Pour empêcher ces fléaux de renaître, il en faut tarir la source. Le Politique a droit d'exiger des Médecins qu'ils aillent au-devant de la moindre illusion; s'ils apperçoivent qu'un malade est frappé de terreurs qui peuvent se communiquer autour de lui, qu'ils combattent sa frayeur comme sa maladie la plus grande; qu'ils lui montrent que son mal n'a rien qui ne soit connu depuis long-tems, et que l'art n'ait souvent combattu avec succès; qu'ils lui prescrivent enfin le régime le plus propre à calmer les agitations de son ame, à le rendre à la raison en même tems qu'à la vie, ou, s'il doit payer le tribut à la nature, à éloigner de son lit de mort, la pusillanimité, les troubles et les tourments de l'esprit, et ces terreurs contagieuses, plus funestes mille fois au genre humain que l'épidémie la plus meurtrière.

L'homme d'état peut même exiger davantage; et demander à la science quelles sont les causes dépendantes de la nature et des institutions sociales qui disposent l'homme à l'erreur ou l'en éloignent. Il en est sans doute qui tiennent au climat et au régime physique. Un voyageur philosophe (1) a remarqué que, dans les Alpes Suisses, on ne trouve presque personne,

---

(1) CAMBRY, *voyage pittoresque en Suisse, et en Italie. Passim* et surtout tom. I, *p.* 202.

même parmi la classe la moins instruite, qui croie aux sorciers et aux revenants; tandis que dans d'autres contrées, tous les hommes, sans distinction d'éducation ou de lumières, sont également avides de merveilleux et disposés à accueillir les croyances les plus absurdes. En étudiant sous ce point de vue l'immense variété des opinions humaines, et la comparant à la diversité des climats et des habitudes, la Physiologie parviendra peut-être à indiquer d'avance quel effet produira à la longue l'adoption d'un usage ou d'un symbole.

Si, malgré ce que nous offre de contraire l'histoire connue du genre humain, on peut supposer que l'imposture et le charlatanisme n'aient pas constamment précédé la science et la vérité; si, dis-je, on peut croire qu'il a existé une race meilleure, dont nos ancêtres ont perdu ou corrompu les connaissances, et dont nous retrouvons péniblement les vestiges; nous devons regretter que la Physiologie n'eût pas fait ce pas important à l'époque où l'emploi exclusif de la langue hiéroglyphique et de la langue poétique transmises à une race secondaire, multiplia les emblêmes et les énigmes proposés à la croyance et à la vénération des hommes. En prévoyant que l'habitude produite par la sensation de chaque jour ferait bientôt perdre de vue leur véritable sens, la science aurait étouffé dès le berceau cette idolatrie qui, chez tous les peuples, a remplacé si promptement la connaissance primordiale des principaux phénomènes de la nature. Elle aurait combattu ce penchant à l'illusion et à l'erreur qui s'est manifesté dans les moindres détails de nos connaissances et de notre existence : ainsi les précautions inventées jadis pour s'assurer de la salubrité d'un climat (1) n'auraient pas conduit à interroger les entrailles d'une victime sur le succès d'une bataille, sur les décisions d'un sénat; et lorsque les Médecins dont Hippocrate a consacré la doctrine (2) recommandèrent l'observation des astres pour connaître les époques de l'année où la variation des saisons peut influer sur la santé, pour prévoir les changements de tems, et distinguer avec probabilité les instants favorables aux opérations de la Médecine; de ce précepte sage et naturel ne seraient point nées les honteuses rêveries de l'astrologie judiciaire.

---

(1) Voyez ci-dessus chap. IV, *pag.* 88, note (1).

(1) HIPPOCRATE, *des airs, des eaux, et des lieux*; paragraph. VII, VIII, LXVIII et LXIX.

J'espère peut-être trop aujourd'hui des bienfaits de la science. Mais puisque ceux qui regardent les opinions religieuses comme l'unique appui de la morale, ont voulu que les Prêtres fussent les gardiens des mœurs publiques (1), il est permis de souhaiter que les Physiologistes qui seuls peuvent apprécier l'action réciproque du physique et du moral de l'homme, se chargent de nous garantir des maux et des erreurs que cette action peut produire, qu'ils nous tiennent sans cesse en garde contre les écarts de notre imagination, qu'ils deviennent enfin parmi nous les ministres et les préservateurs de la vérité, du bon sens, et de la connaissance-pratique de l'homme.

---

(1) On se rappelle que l'abbé de St.-Pierre a, le premier, donné aux prêtres le nom d'*Officiers de morale*.

CHAPITRE VIII.

C'est avec satisfaction qu'au terme de la carrière que je m'étais proposé de parcourir, je me vois ramené à l'usage heureux que le Physiologiste peut faire de l'influence du physique pour combattre nos maladies et nos imperfections morales. Ce pouvoir salutaire fait reconnaître la possibilité et la nécessité de son emploi dans tous les services que rend la Médecine à l'humanité. Telle est son étendue, que la méditation la plus profonde ne peut en faire appercevoir le terme, et conduit même à penser que, de cette influence seule, on doit espérer la solution favorable du problême le plus important de la science de l'homme, celui qui concerne la mesure de notre perfectibilité. Les philosophes qui, s'appuyant du témoignage éternel de l'histoire, regardent cette perfectibilité comme resserrée dans un cercle étroit, où elle retombe toujours et rapidement autant qu'elle s'est élevée, ceux-là même désireraient le plus vivement de se tromper. Mais où placeront-ils, dans l'avenir, un espoir qui contrebalance l'expérience constante du passé? Le chercheront-ils dans le progrès des lumières, lorsqu'ils voient l'homme s'en dégoûter sitôt, en persécuter les propagateurs, et se replonger volontairement dans les ténèbres qui conviennent mieux à ses passions ignobles ; lorsqu'aujourd'hui l'Allemagne presque entière préfère, aux leçons de Locke et de Condillac, une doctrine aussi ténébreuse que toutes les arguties scholastiques ; et souffre, qu'au dix-neuvième siècle, on substitue à la théorie des sciences exactes les rêves des *illuminés* (1)? Le trouveront-ils dans l'ac-

---

(1) Voyez l'ouvrage d'OErsted, intitulé *Matériaux pour servir de base à une Chimie du dix-neuvième siècle*; (Ratisbonne 1803),

croissement des sciences, quand, à une époque à peu près invariable, le dispensateur de la gloire, le public, lassé des jouissances intellectuelles, néglige ou abreuve d'humiliations les savants qu'il ne cherche même pas à comprendre, solde et chérit les libellistes qui les diffament ; quand la principale considération étant toute pour des richesses que l'improbité acquiert sans efforts, l'homme supérieur recherchera, pour prix de ses travaux, des spéculations lucratives et des monceaux d'or, plutôt qu'un laurier désenchanté désormais. Cet espoir flatteur naîtra-t-il du perfectionnement de l'instruction morale? on a tout dit sur la morale : trop peut-être, puisque chacun se croit en droit d'exiger d'autrui des

---

analysé par *Chenevix* ; (*Annales de Chimie*, tom. L, *pag.* 173 et suiv.), et le Mémoire de WEIS sur la *Minéralogie de Haüy*, extrait par *Chenevix* ; (*Annales de Chimie*, tom. LII, *pag.* 307 et suiv.).

vertus au-dessus de l'humanité. Et le fruit unique de cet enseignement exagéré est d'induire les hommes éclairés à professer des principes tout différents de ceux qui règlent leur conduite (1), les ignorants à penser que Dieu, comme un juge corrompu, vend son indulgence au prix de quelques présents, de quelques pratiques superstitieuses.

Au défaut e tant de moyens insuffisants, s'il est une science qui puisse influer d'une manière positive, constante, raisonnée, sur la nature de l'homme; le prendre à l'instant de sa naissance, peut-être même auparavant, pour le suivre dans tous les moments de sa vie; exercer sur sa pensée, ses goûts et ses

---

(1) L'homme *immoral* aujourd'hui ne serait point le libertin qui surpasserait les vices du *Maréchal de Richelieu*; mais le Philosophe qui écrirait avec la franchise de *Montaigne*.

penchants, un pouvoir d'autant plus absolu qu'il portera sur les organes dont dépendent ces facultés morales ; apprécier, rectifier, perfectionner toutes les autres causes qui pourraient momentanément partager ou contrarier ce pouvoir ; c'est à cette science et à elle seule que nous pouvons demander tout le perfectionnement dont l'homme est susceptible (1). Oracles de la Physiologie ! dirigez sur ce point vos méditations salutaires : la perfectibilité indéfinie, dès que vous la croirez possible, aura cessé d'être un rêve.

---

(1) « L'esprit dépend si fort du tempérament et de la disposition des organes du corps, que s'il est possible de trouver quelque moyen qui rende communément les homme plus sages et plus habiles qu'ils n'ont été jusqu'ici, je crois que c'est dans la Médecine qu'on doit le chercher ». DESCARTES, *discours de la méthode*, VIme. partie.

Attentifs d'abord à la nécessité de faire concourir au même but les enfants de tant de régions différentes dont se compose une seule nation, vous enseignerez au politique quelles causes font varier les caractères des hommes suivant les divers climats ; comment il doit y remédier et en profiter, transporter dans un pays les usages, les cultures, les habitudes physiques d'un autre, et fondre dans une race vraiment nationale les avantages qui distinguent toutes les peuplades. Vos regards se porteront ensuite sur les objets les plus prochains de la crainte et de l'espérance d'une nation civilisée, et vous tracerez pour l'enfance le plan d'une éducation naturelle, en indiquant les modifications locales et temporaires qu'il doit subir ; et pour les crimes le plan de l'éducation du travail et du repentir. Fidèles à suivre le progrès de la civilisation, et habiles à saisir tous les genres d'espoir qui conduisent à la fondation des colonies, vous pouvez présider à la législation physique de ces enfantements des grandes sociétés, et, dès leur naissance, étendre vos bienfaits sur leur avenir éloigné.

A mesure qu'un corps social réunit des membres plus nombreux et des contrées séparées par de grandes distances, il devient plus nécessaire que vous éclairiez les hommes d'état sur la puisssance et les inspirations de cet instinct physique de l'homme, qu'ils ne doivent jamais combattre qu'avec une répugnance extrême, et qu'ils peuvent diriger au bien, s'ils savent secouer le joug des préjugés. Poursuivant avec eux cet instinct, là même où il semble n'avoir de loi que le hasard, le caprice ou la mode, vous les mettrez en garde contre l'influence que des usages presque indifférents dans leur principe, des causes matérielles et trop peu appréciées exercent sur notre bien-être, nos mœurs, nos habitudes, et même aussi sur les déterminations du juge et du législateur. Enfin, pour rendre au genre humain un service plus important et plus assidument renouvellé, vous combattrez dans les moindres détails, vous chercherez même à prévenir les désordres sans nombre qu'enfante une imagination égarée.

Osez tenter un pas encore; profitez de l'ascendant que vous donnera toujours sur les hommes le désir de vivre plus et de souffrir moins. Affranchis de la crainte de vous voir arrêtés au milieu de vos travaux, découvrez la voie qui peut nous guider vers une perfection toujours croissante. Enseignez-la aux hommes, entraînez-y leurs pas; et seuls, parmi tous les bienfaiteurs de l'humanité, vous n'aurez à redouter ni la honte de l'irréussite, ni l'ingratitude des heureux

T

que vous aurez faits : l'homme deviendra en même tems plus fortuné, et meilleur et plus sage. Si alors, reportant ses regards sur les siècles passés, il plaint les hommes qui, au milieu de tant d'erreurs, de fraudes et de crimes, croient avoir atteint le suprême degré de la civilisation, il se souviendra aussi que c'est dans ces âges intermédiaires entre la barbarie absolue et la lumière véritable, que sont nés les artisans généreux de son perfectionnement; il bénira leur mémoire, leur courage et leurs bienfaits.

F I N.

TABLE SOMMAIRE.

IMPORTANCE du but que doit atteindre cet Ouvrage. page 1

CHAPITRE Ier. Influence du climat et des circonstances physiques sur le caractère des peuples ; moyens de la mettre à profit ou de la rectifier.

Influence morale et physique : 1°. des grands travaux, tels que les défrichements, etc. ; 2°. des coutumes et des aliments adoptés dans un pays, lorsque le peuple d'une autre contrée se les approprie. 3°. Du transport de la population d'un canton dans un autre, et du mélange et du croisement des races. 7

CHAP. II. Influence de l'éducation physique. Nécessité de la varier selon les circonstances physiques et selon son but moral ; de soumettre l'allaitement à des considérations morales ; d'élever les enfants loin du lieu de leur naissance.

Lumières que la Physiologie peut répandre sur les causes et les remèdes de l'excès ou de la diminution de la population. 23

Chap. III. *Des lois pénales et des prisons. Notions sur les peines physiques, et sur l'effet des exécutions publiques. Régime physique combiné au régime moral pour corriger les coupables détenus, empêcher les accusés de se corrompre, détruire la mendicité en inspirant aux pauvres l'amour du travail. Précautions à prendre pour le succès de ces mesures, et pour la salubrité des prisons. Questions sur les instants de relâche que l'on peut y accorder, sur les punitions que l'on y décerne, et sur la séparation absolue des sexes.* 38

Chap. IV. *Avantages des connaissances physiologiques dans les relations avec des peuples étrangers. Précautions relatives au site d'une Colonie, à la santé des habitants et des troupes que l'on y transporte. Etude physiologique sur le caractère futur des Colons, sur le ca-*

ractère présent des Indigènes ; sur les usages que l'on peut emprunter de ceux-ci, sur les denrées que l'on doit craindre de leur fournir, et celles que l'on peut cultiver et importer dans la métropole. 85

CHAP. V. *La loi doit toujours avoir égard aux impulsions de cet instinct physique que l'homme, en général, tient de la nature, et chaque peuple, en particulier, du pays qu'il habite. Cet instinct explique la diversité des religions suivant les divers climats ; et par conséquent ne peut être dominé par les idées religieuses. Il doit influer sur la législation du mariage. Il prescrit, pour l'intérêt des mœurs et de la population, d'accroître les agréments des femmes plutôt que de les asservir ; de permettre un usage raisonnable du divorce, etc.* 105

CHAP. VI. *Lois qui atteignent l'homme dans son existence intérieure. Effets moraux et physiques :* 1°. *du mode de construction des maisons et des villes ;* 2°. *du* costume et du cérémonial ; 3°. du choix des aliments ; 4°. de la distribution des heures consacrées au travail, aux repas, au sommeil, aux spectacles.

Influence des représentations scéniques, des spectacles cruels et de tout ce qui habitue à la vue du sang.

Ascendant moral du physique, et surtout de l'aspect d'un grand concours d'hommes, sur l'individu placé au sein d'une assemblée délibérante, ou devant un tribunal. 135

Chap. VII. Pouvoir physique de l'imagination, et sa réaction sur le moral : il crée ou éloigne les maladies ; glace ou enflamme le courage. Abus criminel qu'en font les imposteurs et les charlatans. Le Physiologiste les dénonce au mépris public et à l'animadversion de la loi.

Quand les désordres de l'imagination troublent tout un peuple, on ne peut, comme autrefois, les combattre efficacement par les idées religieuses. Cette tâche est imposée au Médecin qui doit rassurer l'esprit autant que guérir le corps.

Il doit aussi rechercher les causes qui rendent un peuple plus facile qu'un autre à décevoir; et prévoir les erreurs qu'un symbole, un emblême peuvent enfanter dans l'esprit des générations à venir. 168

Chap. VIII. *La Physiologie seule peut fournir à l'homme les moyens d'un perfectionnement indéfini, si la possibilité de ce perfectionnement n'est pas un rêve.* 219

Fin de la Table.

De l'Imprimerie des Orphelines des Paroisses de Paris, rue des Prêtres-St.-Séverin.

CORRECTIONS ET ADDITIONS.

pages lignes

viij 15 but, et les *lisez* but et les

4 15 Rapport *lisez* Rapports

ibid Après la dernière ligne de la note, ajoutez : M. Backer a publié en l'an XI un mémoire intitulé *De la Médecine considérée Politiquement*. Je regrette qu'au lieu de traiter l'ensemble de ce vaste sujet, il ait cru devoir se borner à indiquer des mesures législatives pour le perfectionnement de la science, de son enseignement et de son exercice, pour la repression des charlatans, etc.

12 2 au sol *lisez* pour le sol

ibid 16 peut naître *lisez* peut germer

24 Note qui se rapporte au mot *chinois*, ligne 5. Plusieurs institutions de l'empereur Kienlong ont eu évidemment pour but de prévenir cette *assi-**milation* toujours funeste aux dynasties tatares qui ont été bien près de leur ruine dès qu'elles n'ont plus commandé qu'à des Chinois.

ibid 10 des choses, et l'amour *lisez* des choses et l'amour

36 21 au moins *lisez* au moins,

46 16 Charlier *lisez* Chaslier

50 6 crées *lisez* créées

ibid 20 régime *lisez* régime

67 17 à la santé *lisez* à la santé et à la propreté.

101 5 applicable *lisez* applicables

112 1 vues *lisez* vû

127 17 irréligieuse), *lisez* irréligieuse)

177 17 qu'une *lisez* qu'un

294 6 lui riront au nez, *lisez* lui répondront par un éclat de rire.

298 2 eux *lisez* ceux

www.ingramcontent.com/pod-product-compliance
Lightning Source LLC
Chambersburg PA
CBHW071925160426
43198CB00011B/1299